Alexandre de Campos
Verci Douglas Garcia Goulart

PRÁTICAS COMERCIAIS

Marketing e Técnicas de Vendas

érica

Av. das Nações Unidas, 7221, 1º Andar, Setor B
Pinheiros – São Paulo – SP – CEP: 05425-902

SAC
0800-0117875
De 2ª a 6ª, das 8h00 às 18h00
www.editorasaraiva.com.br/contato

Vice-presidente	Claudio Lensing
Coordenadora editorial	Rosiane Ap. Marinho Botelho
Editora de aquisições	Rosana Ap. Alves dos Santos
Assistente de aquisições	Mônica Gonçalves Dias
Editora	Silvia Campos Ferreira
Assistente editorial	Paula Hercy Cardoso Craveiro
Editor de arte	Kleber de Messas
Assistentes de produção	Fabio Augusto Ramos
	Katia Regina
Produção gráfica	Marli Rampim

Preparação	Larissa Wostog Ono
Revisão	Tamires Bonani
Capa	M10 Editorial
Diagramação	LGB Publicações
Impressão e acabamento	Bartira

DADOS INTERNACIONAIS DE CATALOGAÇÃO NA PUBLICAÇÃO (CIP)
ANGÉLICA ILACQUA CRB-8/7057

Campos, Alexandre de
  Práticas comerciais: marketing e técnicas de vendas/Alexandre de Campos, Verci Douglas Garcia Goulart. – São Paulo: Érica, 2018.
  152 p.

  Bibliografia
  ISBN 978-85-365-2733-8

  1. Marketing 2. Vendas 3. Vendas – Planejamento I. Título II. Goulart, Verci Douglas Garcia

18-0313	CDD 658.8
	CDU 658.8

Índices para catálogo sistemático:
1. Marketing: Vendas

Copyright© 2018 Saraiva Educação
Todos os direitos reservados.

1ª edição
2018

Autores e Editora acreditam que todas as informações aqui apresentadas estão corretas e podem ser utilizadas para qualquer fim legal. Entretanto, não existe qualquer garantia, explícita ou implícita, de que o uso de tais informações conduzirá sempre ao resultado desejado. Os nomes de sites e empresas, porventura mencionados, foram utilizados apenas para ilustrar os exemplos, não tendo vínculo nenhum com o livro, não garantindo a sua existência nem divulgação.

A Ilustração de capa e algumas imagens de miolo foram retiradas de <www.shutterstock.com>, empresa com a qual se mantém contrato ativo na data de publicação do livro. Outras foram obtidas da Coleção MasterClips/MasterPhotos© da IMSI, 100 Rowland Way, 3rd floor Novato, CA 94945, USA, e do CorelDRAW X6 e X7, Corel Gallery e Corel Corporation Samples. Corel Corporation e seus licenciadores. Todos os direitos reservados.

Todos os esforços foram feitos para creditar devidamente os detentores dos direitos das imagens utilizadas neste livro. Eventuais omissões de crédito e copyright não são intencionais e serão devidamente solucionadas nas próximas edições, bastando que seus proprietários contatem os editores.

Nenhuma parte desta publicação poderá ser reproduzida por qualquer meio ou forma sem a prévia autorização da Saraiva Educação. A violação dos direitos autorais é crime estabelecido na lei nº 9.610/98 e punido pelo artigo 184 do Código Penal.

CL	642002	CAE	626978

Dedicatória

Dedico esta obra à minha avó e madrinha Teresa de Oliveira Costa e a parabenizo por seus 90 anos de vida completados em janeiro de 2018. Mulher guerreira que passou pelos obstáculos da vida criando e educando seus filhos com muita dignidade. Brigou pela existência e pela vida deste seu neto que aqui escreve. Obrigado, vó!

Alexandre de Campos

Pelo apoio incondicional não apenas para a elaboração desta obra, mas também para a minha realização profissional e pessoal, dedico à minha esposa Rosemary, aos meus filhos Camila e Douglas e aos meus pais Itamar e Iva. É certo que sem o apoio deles a realização deste livro não seria possível.

Verci Douglas Garcia Goulart

Sobre os autores

Alexandre de Campos é bacharel em Administração de Empresas pelas Faculdades Metropolitanas Unidas (FMU); pós-graduado em Gestão de Pessoas pela Fundação Armando Álvares Penteado (FAAP) e em Docência Superior na Universidade Nove de Julho (Uninove); e mestrando em Educação no Programa de Gestão e Práticas Educacionais (Progepe) da Uninove. É professor titular do Grupo Uninove (Faculdade São Roque) e concursado no Instituto Tecnológico de Barueri-SP (ITB), na área de Administração de Empresas. É instrutor e conteudista do Infi-Febraban, Fundação Bradesco, selo Érica da SOMOS Educação e Delinea. Foi executivo no segmento bancário e atuou como gerente de uma organização não governamental ligada à educação. Foi *Senior Business Analist* de uma grande empresa de *outsourcing* situada em São Paulo. É auditor interno da ISO 9001:2008, tendo participado de diversos processos de certificação e recertificação do Sistema de Gestão da Qualidade (SGQ). Atuou no SENAI-SP como instrutor efetivo por cinco anos e também foi professor em cursinhos preparatórios para concurso público (nível terceiro grau) na Central dos Concursos e no Cursinho Anglo.

Verci Douglas Garcia Goulart é bacharel em Administração de Empresas pela Fundação Karnig Bazarian (FKB) e em Ciências Contábeis pelo Centro Universitário da Grande Dourados (Unigran); pós-graduado em Economia de Empresas pela Universidade Presbiteriana Mackenzie; MBA em Gestão Empresarial pela Fundação Getulio Vargas (FGV); e mestre em Engenharia de Produção pela Universidade Metodista de Piracicaba (Unimep). É coordenador e professor dos cursos de ensino superior em Administração e Tecnólogos em Gestão Logística, Gestão da Qualidade e Gestão de Recursos Humanos, da Faculdade de Administração e Ciências Contábeis de São Roque. Leciona disciplinas relacionadas à Logística Aplicada, Logística Reversa, Tecnologia em Logística, Gestão Empresarial, Contabilidade, Recursos Humanos e Engenharia da Produção. Possui mais de 35 anos de experiência profissional em empresas de grande e médio portes no segmento logístico de construção civil. Ao longo da carreira, foi responsável pela área de suprimentos de materiais produtivos e improdutivos e pela contratação de prestadores de serviços logísticos na exploração de minérios no segmento de fabricação de cimento. Atualmente, participa de diversos projetos de solução logística para movimentação de solo e rocha em obras de infraestrutura de grande porte, extração de minério de ferro e minerações de ouro.

Apresentação

Esta obra da área de vendas e marketing vem em um momento oportuno em que a economia brasileira está retomando o crescimento e, consequentemente, precisa vender mais e melhor, buscando ser capaz de fazer frente a países desenvolvidos.

Neste trabalho, procuramos desenvolver os conteúdos de forma a fornecer o suporte técnico necessário para os estudantes e profissionais que atuam nas áreas de marketing e vendas. Buscamos sempre focar a prática do segmento corporativo, com exemplos, ilustrações e agregando a experiência profissional dos autores, deixando, assim, a obra mais robusta.

A constante busca das empresas por resultados financeiros cada vez maiores e a concorrência cada vez mais acirrada no mundo globalizado tornam as estratégias de vendas e marketing um instrumento de extrema importância para a sobrevivência das empresas. A gestão eficaz dos recursos mercadológicos pode alavancar as organizações aos resultados esperados. As características e particularidades dos consumidores e do mercado em geral, todavia, devem ser levadas em consideração.

Dessa forma, esta obra tem o objetivo de dar suporte aos representantes comerciais, vendedores, gerentes de contas pessoa física e jurídica, analistas, assistentes comerciais, além dos estudantes de cursos técnicos e superiores e demais leitores interessados no assunto.

O livro está de acordo com o conteúdo programático exigido pelo Ministério da Educação (MEC) e é indicado para os autodidatas, pois aborda todos os assuntos em uma linguagem simples, objetiva e didática.

A obra se divide em dez capítulos, conforme descritos a seguir:

1. **Planejamento e Operações Comerciais:** abordaremos os conceitos de um plano de marketing, bem como suas fases para implementação. Outro ponto importante a ser conceituado será o orçamento do plano de marketing, bem como todo o seu acompanhamento.

2. **Princípios e Estratégias de Marketing:** este capítulo apresenta o conceito de marketing, destacando sua aplicação prática para atender a demandas específicas e atingir os resultados esperados pelas organizações.

3. **Segmentação e Posicionamento de Mercado:** neste capítulo, abordaremos os conceitos ligados à segmentação de marketing, que trata de identificar em um mercado heterogêneo determinado grupo de indivíduos, com respostas e preferências semelhantes de produtos.

   Trataremos, ainda, de questões muito importantes ligadas ao posicionamento de mercado, como necessidades, desejos e demandas, mercados-alvo, posicionamento e segmentação, ofertas e marcas, valor e satisfação, canais de marketing, cadeia de suprimentos e concorrência.

4. **Relação com o Cliente Consumidor:** este capítulo visa analisar o comportamento do consumidor durante o processo de compra e apresentar algumas ferramentas utilizadas pelo marketing para estimular o consumo. Trataremos mais especificamente dos assuntos citados a seguir:
   - categorias de consumidor;
   - papéis do cliente;
   - fatores de influência do comportamento de compra;
   - processo de decisão de compra;
   - educação para o consumo;
   - pós-venda, retenção e fidelização de clientes.

5. **Princípios Éticos nas Vendas:** este capítulo tem por objetivo apresentar o conceito de ética nas organizações e sua importância, bem como sua ligação com os principais aspectos do Código de Defesa do Consumidor (CDC), para atender ao cliente de modo satisfatório. Trataremos mais especificamente dos assuntos citados a seguir:
   - conceituação de ética;
   - objetivos do Código de Defesa do Consumidor (CDC);
   - as bases legais do CDC e os direitos básicos do consumidor;
   - meios de defesa do consumidor;
   - estratégia para o profissional de marketing frente ao CDC;
   - CDC: diferenças entre as compras na internet e nas lojas físicas.

6. **Logística de Distribuição de Venda:** este capítulo conceitua a importância da logística no processo de vendas, bem como as atividades primárias e de apoio na logística, a classificação da logística, a logística integrada: do planejamento à distribuição, a logística do processo produtivo, a produtividade e pacote de valor, e a estratégia e critérios competitivos.

7. *Inbound* **– Técnicas de Atração:** este capítulo tem o objetivo de conceituar a técnica de *Inbound*, bem como suas principais características, diferenciais e sua aplicabilidade nas estratégias de marketing digital em busca de maior atratividade dos clientes. Abordaremos os conceitos de *Inbound*, *Outbond*, marketing digital, entre outros.

8. **Técnicas de Vendas:** este capítulo visa abordar o processo de técnica de vendas e suas principais características e componentes, conceituando, ainda, o processo de vendas, a relação entre marketing e vendas, a prospecção de clientes, a abordagem de clientes, a demonstração de produtos e a segmentação de clientes.

9. ***E-commerce* (Comércio Eletrônico):** este capítulo tem por objetivo apresentar os principais fatores que promovem e estimulam o *e-commerce* (comércio eletrônico), como a organização e estrutura do comércio eletrônico, as estratégias de vendas em comércio eletrônico, o relacionamento com clientes no ambiente virtual e os sistemas de informação em marketing e vendas.

10. **Desenvolvimento de Projeto de Produtos e Serviços:** este capítulo busca conceituar a importância da elaboração de projetos de produtos e serviços, com o objetivo de tornar a organização comercialmente mais competitiva.

Os autores

Sumário

Capítulo 1 – Planejamento e Operações Comerciais 15

    1.1 Introdução 16

    1.2 Plano de marketing 16

        1.2.1 Fases para implementação do plano de marketing 18

    1.3 Análise do ambiente externo 19

    1.4 Diagnóstico organizacional 20

    1.5 Definição de estratégias 20

        1.5.1 Definição dos objetivos estratégicos 21

        1.5.2 Plano de ação 21

    1.6 Orçamento do plano de marketing 22

    1.7 Acompanhamento do plano de marketing 23

    Para refletir 24

Capítulo 2 – Princípios e Estratégias de Marketing 25

    2.1 Introdução 26

    2.2 Elementos que compõem o marketing 26

    2.3 Evolução histórica do marketing 27

        2.3.1 Pré-história 28

        2.3.2 Revolução Industrial 28

        2.3.3 Séculos XIX e XX 29

        2.3.4 Década de 1960 31

    2.4 Objetivos do marketing nas empresas 31

        2.4.1 Perspectivas de atuação do marketing 31

    2.5 Marketing no varejo 33

        2.5.1 A nova classe média 33

        2.5.2 Conceito de varejo e seu campo de atuação 34

        2.5.3 Evolução histórica do varejo 34

        2.5.4 Tipos de varejo 36

        2.5.5 Decisões de *trade marketing* 37

        2.5.6 Serviços 39

    Para refletir 41

Capítulo 3 – Segmentação e Posicionamento de Mercado **43**

3.1 Introdução 44

3.2 Necessidades, desejos e demandas 44

   3.2.1 Identificando as necessidades dos clientes 45

3.3 Mercados-alvo, posicionamento e segmentação 46

3.4 Ofertas e marcas 47

3.5 Valor e satisfação 48

3.6 Canais de marketing 49

3.7 Cadeia de suprimento 49

3.8 Concorrência 51

3.9 Níveis de segmentação 52

3.10 Principais mercados de clientes 52

   3.10.1 Mercado consumidor 53

   3.10.2 Mercado organizacional 53

   3.10.3 Mercado global 53

   3.10.4 Mercado sem fins lucrativos (Terceiro Setor e governamental) 53

3.11 Marketing de segmento 54

3.12 Marketing de nicho 54

3.13 Marketing local 54

3.14 Os 4 Ps de marketing 55

   3.14.1 Produto 55

   3.14.2 Preço 56

   3.14.3 Praça 56

   3.14.4 Promoção 57

3.15 Visão humanizada entre marketing e negócios 57

Para refletir 58

Capítulo 4 – Relação com o Cliente Consumidor **59**

4.1 Introdução 60

4.2 Categorias de consumidores 60

   4.2.1 Papéis do cliente 61

   4.2.2 Fatores de influência do comportamento de compra 62

4.3 Processo de decisão de compra 66

   4.3.1 Identificação do problema 67

   4.3.2 Busca de informações 68

4.3.3 Avaliação de alternativas...68

4.3.4 Decisão de compra...68

4.3.5 Educação para o consumo 69

4.3.6 Pós-venda e retenção de clientes 70

4.3.7 Fidelização de clientes 70

Capítulo 5 – Princípios Éticos nas Vendas.................................**73**

5.1 Conceituação 74

5.2 Código de ética nas negociações 75

5.3 Código de Defesa do Consumidor (CDC)........................75

5.3.1 O CDC e os direitos básicos do consumidor 76

5.3.2 Meios de defesa do consumidor....................................78

5.3.3 Estratégias de marketing e vendas frente ao CDC 78

5.3.4 CDC: diferenças entre as compras na internet e nas lojas físicas 81

Para refletir 82

Capítulo 6 – Logística de Distribuição de Venda.......................**83**

6.1 Conceituação e histórico da Logística.............................84

6.1.1 Atividades primárias e de apoio na Logística 86

6.1.2 Classificação da Logística 90

6.2 A Logística Integrada: do planejamento à distribuição 92

6.2.1 A Logística do Processo Produtivo.................................93

6.2.2 Estratégia e critérios competitivos 94

6.3 Cadeia de suprimentos 95

6.3.1 Componentes da cadeia de suprimentos......................97

6.3.2 Modais de transportes e redução de estoques..............98

6.3.3 Planejamento da localização e da capacidade de instalações 100

Capítulo 7 – *Inbound* – Técnicas de Atração.............................**101**

7.1 Conceituação 102

7.1.1 SEO 103

7.1.2 Marketing de Conteúdo 105

7.1.3 Estratégias em Mídias Sociais 105

7.1.4 Diferenças entre *Inbound* e *Outbound* 106

Para refletir 108

Capítulo 8 – Técnicas de Vendas **109**

    8.1 Processo de vendas 110

        8.1.1 Prospecção de clientes.. 112

        8.1.2 Superação de objeções.. 114

        8.1.3 Apresentação e demonstração dos produtos e serviços 115

        8.1.4 Fechamento... 117

        8.1.5 Acompanhamento e manutenção 118

        8.1.6 Critérios de segmentação de clientes 118

        8.1.7 Planejamento de reuniões 122

        8.1.8 Elaboração de propostas aos clientes 123

        8.1.9 Comunicação entre vendas e marketing 124

    Para refletir 126

Capítulo 9 – *E-commerce* (Comércio Eletrônico)... **127**

    9.1 Organização e estrutura do comércio eletrônico.................................... 128

    9.2 Estratégias de vendas em comércio eletrônico 133

    9.3 Relacionamento com clientes no ambiente virtual 136

    9.4 Sistemas de informações de marketing 137

        9.4.1 Sistema de registros internos 139

        9.4.2 Sistema de relatórios de vendas... 139

        9.4.3 Sistema de apoio à decisão de marketing 140

        9.4.4 Sistema e processo de pesquisa de marketing 141

        9.4.5 Previsão e mensuração da demanda 141

    Para refletir 142

Capítulo 10 – Desenvolvimento de Projeto de Produtos e Serviços................... **143**

    10.1 Introdução.. 144

    10.2 Ferramentas de gestão de projetos 148

Bibliografia.. **151**

Capítulo 1

Planejamento e Operações Comerciais

Este capítulo tem por objetivo conceituar a importância do planejamento nas operações comerciais. Trataremos mais especificamente dos assuntos citados a seguir:

- plano de marketing e suas fases;
- análise de ambiente;
- diagnóstico organizacional;
- definição de estratégias de vendas;
- planos de ação;
- orçamento em marketing.

Ao finalizar este capítulo, esperamos que você seja capaz de:

- compreender o conceito, a importância e a aplicabilidade do planejamento nas vendas;
- relacionar a teoria com a prática comercial;
- elaborar um plano de ação de vendas;
- compreender a relevância de se programar para atingir os resultados comerciais.

1.1 Introdução

O mundo corporativo está cada vez mais competitivo. As estratégias da concorrência estão cada vez mais desenvolvidas; e as metas de vendas, mais arrojadas. Com isso, torna-se cada vez mais importante investir a quantidade de tempo adequada para preparar o plano de marketing da empresa, pois este pode ser o grande diferencial para o efetivo sucesso comercial da empresa.

Não são todos os profissionais que têm o costume de sentar e organizar as ideias para conseguir chegar aos seus objetivos de vendas. É característica da área comercial sair a campo e ter ótimo relacionamento interpessoal, mas é preciso desenvolver a habilidade de planejar seu trabalho em conjunto com a área de marketing, em busca dos objetivos da empresa; somente assim se terá mais força frente à concorrência. Na prática, muitas vezes, os representantes comerciais vão de maneira despreparada a visitas a possíveis clientes, o que pode resultar em insucesso e retrabalho.

As operações comerciais, por sua vez, buscam a maximização dos resultados, com mais eficiência, foco no cliente e olhos abertos para a concorrência. Cada vez mais, novos serviços são agregados ao cliente, de forma a retê-lo e fidelizá-lo. As áreas comercial e marketing devem trabalhar cada vez mais próximas, em busca de resultados mais satisfatórios para as empresas. Produtos e serviços adequados ao perfil dos clientes, preço compatível e propaganda direcionada são diferenciais competitivos a serem atingidos.

1.2 Plano de marketing

Depois que apresentamos importantes conceitos relacionados ao marketing, é o momento de ver como podemos unir esses conceitos em um único documento que oriente a empresa a implementar um processo de aprendizado com as questões que são consideradas importantes para ela. Por exemplo, a empresa deve sempre buscar mensurar e prever os possíveis resultados que os investimentos em marketing podem trazer a curto, médio e longo prazos.

O plano de marketing é esse documento que apresenta para onde a empresa está indo e como ela deverá agir para "chegar lá". Tal documento ajudará a empresa a definir como ela deverá comercializar produtos e serviços. Trata-se de um documento formal que, no entanto, deve ter flexibilidade para adaptar-se às mudanças que se fizerem necessárias.

Podemos listar algumas finalidades para o plano de marketing, além de formalizar o entendimento da empresa sobre o rumo que ela deverá tomar. Entre elas, podemos citar:

- estruturar de forma clara e objetiva como deve ser introduzido um novo produto ou serviço no mercado;
- orientar os funcionários de uma empresa sobre qual é o papel da organização perante as demais partes interessadas;

- estimular o processo de vendas da empresa e seu posicionamento no mercado;
- revisar a abordagem que é dada para a empresa no momento atual, visando a uma mudança para o futuro;
- integrar o plano de marketing ao plano empresarial, pois ambos devem estar alinhados para o mesmo objetivo;
- estabelecer estratégias para que a organização cumpra seus objetivos e metas.

O plano de marketing deve se basear em dados históricos, previsões, análise de concorrência, análise das variáveis externas (governo, tecnologia, sociedade etc.), objetivos e estratégias empresariais. Ele é uma das ferramentas da gestão empresarial, devendo ser desenvolvido por vários profissionais de diferentes formações e áreas da empresa, visto que, dessa forma, será possível ter um plano de marketing sistêmico e integrado a todas as partes da organização.

O plano de marketing será um dos planos empresariais, porém, tem como foco as atividades da área de marketing, envolve o diagnóstico e as ações relacionadas às áreas de vendas, propaganda, implementação de novos produtos e o plano de *merchandising*.

É importante observar que, na prática, marketing não se trata apenas de propaganda. Deve-se considerar os 4 Ps de Marketing: produto, preço, propaganda e ponto ou praça de venda na elaboração do plano.

FIGURA 1.1: Um plano de marketing completo deve envolver aspectos relacionados aos 4 Ps.

1.2.1 Fases para implementação do plano de marketing

Como mencionado no item 1.2, é necessário que o plano de marketing esteja alinhado à estratégia global da empresa, portanto, o primeiro passo é conhecer as diretrizes estratégicas da organização. É necessário ter em mente que as diretrizes estão estabelecidas em três conceitos: missão, visão e valores. Por exemplo, qual o crescimento previsto pela empresa para o próximo ano? Quanto será investido em estrutura, tecnologia, mão de obra e quanto se espera obter de retorno? De onde virá esse aporte de capital?

A missão da empresa descreve a razão da sua existência, seu propósito e para que ela existe. Geralmente, está descrita em uma frase curta e objetiva, e responde às seguintes questões:

» Qual é a razão de existência da empresa?

» A quem ela serve?

» Quem se beneficiará das atividades desenvolvidas por ela?

» Quem são as pessoas que desenvolvem essas atividades?

» Como desenvolvemos nossas ações para sermos o que desejamos?

Veja alguns exemplos de missões empresariais:

A missão das Casas Bahia é "realizar os sonhos de seus consumidores, oferecendo acesso facilitado ao crédito e trabalhando com um modelo de gestão focado na simplicidade, no respeito e na dedicação total aos colaboradores, clientes, fornecedores e parceiros comerciais".[1]

A missão da GIFE é "aperfeiçoar e difundir conceitos e práticas do uso de recursos privados para o desenvolvimento do bem comum".[2]

A visão refere-se ao que a empresa deseja alcançar em longo prazo, onde ela deseja estar no futuro. É o sonho que a empresa quer realizar. Ela servirá para direcionar quais devem ser as estratégias que serão elaboradas, direciona a empresa para o alcance dos resultados desejados.

Veja este exemplo na área de educação: ser referência como escola de nível médio, com foco primeiramente na formação de cidadãos. Uma vez definida a missão e visão, o próximo passo é a definição dos valores, os quais podem ser estabelecidos como sendo os princípios mais importantes para a atividade-fim da empresa. Esses princípios são aqueles dos quais a empresa não abre mão, aqueles que fazem parte de seu DNA. Um

---

[1] CASAS BAHIA. **Nossa história**. Disponível em: <http://institucional.casasbahia.com.br/empresa/nossa-historia>. Acesso em: 23 ago. 2017.

[2] GIFE. **Quem somos**. Disponível em: <http://gife.org.br/quem-somos-gife>. Acesso em: 23 ago. 2017.

restaurante, por exemplo, deve ter a higiene como um de seus principais valores, muito embora a honestidade também seja um valor importante. Contudo, para uma instituição financeira, a honestidade é um valor muito mais importante do que a higiene.

Essas definições devem estar escritas e divulgadas para toda a equipe. Geralmente, as diretrizes estratégicas são elaboradas quando a empresa desenvolve seu plano estratégico, o qual tem por objetivo direcionar todas as ações da empresa, além das questões do marketing em si. Entretanto, vale dizer que diversas partes de um planejamento estratégico se assemelham ao plano de marketing. Após as definições anteriores (missão, visão e valores) estarem estabelecidas é que poderá ser iniciado o plano de marketing.

> **Você sabia?**
>
> **Aporte de capital** é o recurso a ser investido na organização pelos seus sócios ou até mesmo de outra fonte externa, como um agente financeiro.

1.3 Análise do ambiente externo

Neste momento, a organização deve identificar quais são as principais variáveis que afetam seu negócio. Dentre elas, podemos citar: tecnologia, meio ambiente, governo, legislação, consumidores, economia, cultura, demografia, concorrentes e associações de classe. Para cada uma dessas variáveis, é preciso efetuar a seguinte análise: em que e como essa variável afeta a empresa? Por exemplo, se estamos tratando de uma empresa do ramo de turismo, ela deve se atentar para os principais eventos do próximo ano, tal como a Copa do Mundo e as eleições, ou seja, eventos que geram negócios para ela.

Essa é a primeira etapa da construção do plano de marketing.

FIGURA I.2: A globalização e as variáveis externas como diferencial de competitividade.

1.4 Diagnóstico organizacional

O diagnóstico organizacional é realizado em dois momentos: em relação ao ambiente externo e ao ambiente interno. Quanto ao ambiente externo, é preciso recorrer à análise das variáveis externas relacionadas no item 1.3 e classificá-las em ameaças e oportunidades.

Ameaça refere-se a todos os acontecimentos externos e atuais que afetam negativamente a empresa em relação ao marketing, enquanto oportunidade refere-se a todos os acontecimentos externos e atuais que afetam positivamente a empresa em relação ao marketing.

O diagnóstico interno refere-se à análise sobre as variáveis internas e que estão sob controle da empresa, podendo ser classificadas em pontos fortes e pontos fracos. Referem-se às variáveis que estão bem posicionadas ou não, mas que são resultantes das ações que a empresa conseguiu atingir positivamente ou que não conseguiu realizar tão bem.

Esta análise diagnóstica também é conhecida como SWOT ou FOFA, conforme apresentado na Figura 1.3.

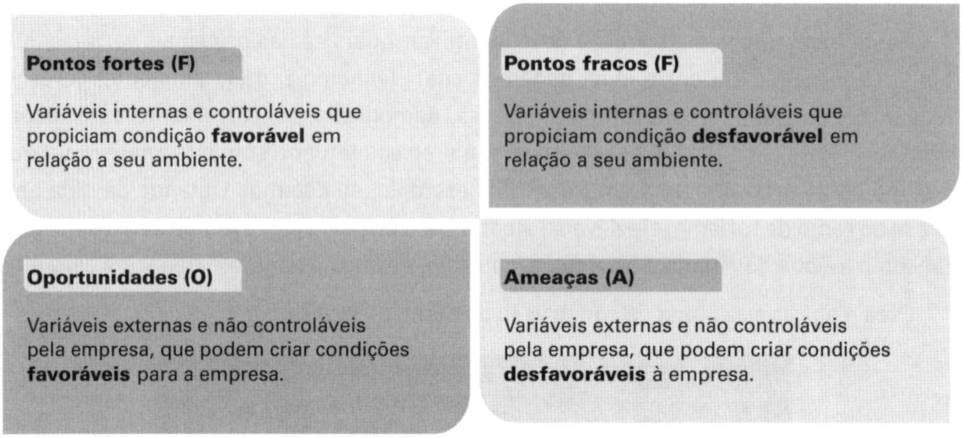

Pontos fortes (F)

Variáveis internas e controláveis que propiciam condição **favorável** em relação a seu ambiente.

Pontos fracos (F)

Variáveis internas e controláveis que propiciam condição **desfavorável** em relação a seu ambiente.

Oportunidades (O)

Variáveis externas e não controláveis pela empresa, que podem criar condições **favoráveis** para a empresa.

Ameaças (A)

Variáveis externas e não controláveis pela empresa, que podem criar condições **desfavoráveis** à empresa.

FIGURA 1.3: Análise SWOT/FOFA.

1.5 Definição de estratégias

Após conhecer as diretrizes estratégicas por meio da missão, visão e valores da organização e o diagnóstico externo e interno, o passo seguinte para concepção do plano de marketing é a elaboração das estratégias. Ou seja, é o momento de decidir "o que fazer".

Para definir as estratégias, sugerimos que seja realizada uma leitura para cada uma das partes já elaboradas, de modo a responder às seguintes questões:

a. O que a organização precisa desenvolver em sua estratégia para que esta seja colocada em prática?

b. O que está estabelecido na missão, na visão e nos valores?

c. O que a organização precisa fazer para:

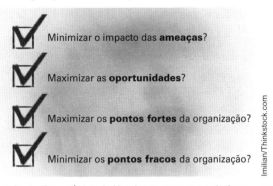

FIGURA I.4: Definição de Estratégias de Vendas por etapas e de forma customizada.

A definição das estratégias deve responder como a empresa alcançará o que está estabelecido na missão e na visão. Ela representa os caminhos que a empresa deverá percorrer, devendo ser elaborada de forma direta, clara, simples, com verbos no infinitivo, por exemplo:

- contratar uma nova agência publicitária;
- desenvolver novas embalagens para os produtos da próxima estação.

Há mais uma etapa a ser vencida no projeto: listar as estratégias resultantes dos questionamentos citados anteriormente em relação à empresa em análise. Todas as estratégias mencionadas devem estar relacionadas com as diretrizes estratégicas e com o diagnóstico realizado. Ou seja, as informações devem estar alinhadas.

1.5.1 Definição dos objetivos estratégicos

A definição dos objetivos estratégicos constitui a fase em que se deve pensar como poderá ser observado, de forma qualitativa e quantitativa, se o que foi planejado foi alcançado ou não.

O plano de marketing está indo de "vento em popa"! Agora, deve ser elaborada, para cada uma das estratégias sugeridas, os objetivos que devem ser alcançados, sempre utilizando a metodologia Smart. Essa metodologia baseia-se em cinco palavras (*Specific*, *M*ensurável, *A*lcançável, *R*elevante e *T*emporal) que se transformam em regras a serem cumpridas de maneira satisfatória para que um simples desejo se transforme em uma meta.

1.5.2 Plano de ação

Após ter definidas as estratégias, agora é o momento de desenvolver o plano de ação para colocar em prática cada uma delas. É por meio do plano de ação que você detalhará as estratégias. É nele que serão colocados todos os passos do plano de ação. Certifique-se de ter, para cada estratégia e objetivo elaborado no item 1.5.1, um plano de ação.

Toda estratégia que for implementada deve ser acompanhada, ou seja, é necessário que a equipe verifique continuamente se, na prática, o que foi planejado, de fato, ocorreu conforme previsto no plano de ação. Sempre que necessário, a equipe pode sugerir ajustes no plano de ação inicial.

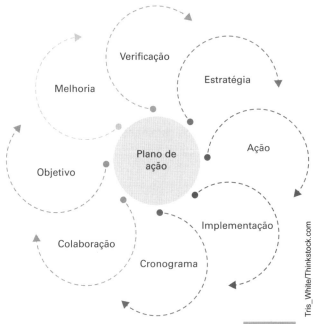

FIGURA 1.5: Plano de ação em vendas – base no ciclo PDCA.

Ciclo PDCA: também conhecido como ciclo de Deming, é uma importante ferramenta administrativa e da qualidade. Tem como princípios o planejamento, a execução, a checagem e a ação.

1.6 Orçamento do plano de marketing

Ao elaborar um plano de marketing, é necessário que sejam apresentados orçamentos para cada uma das estratégias a serem desenvolvidas, pois é com essa informação que a empresa decidirá sobre a viabilidade de implementá-las ou não.

Quando a equipe desenvolver o plano de ação, deverá identificar, para cada estratégia, os custos das atividades envolvidas e, de preferência, que sejam apresentados pelo menos três orçamentos. Dessa forma, a empresa terá melhores condições de escolher a opção mais adequada.

Algumas empresas definem teto para aplicação na área de marketing e muitas consideram que a disponibilização dos recursos financeiros para essas atividades são investimentos, e não custos da operação. O teto orçamentário para a área de marketing é variável conforme cada tipo de negócio. De forma geral, a alíquota percentual varia.

FIGURA 1.6: O planejamento como diferencial nas estratégias de marketing.

1.7 Acompanhamento do plano de marketing

Não basta desenvolver o plano de marketing, é necessário acompanhar se as ações planejadas estão acontecendo e se os objetivos estão sendo atingidos. Para isso, sugere-se que, periodicamente, podendo ser todos os meses, seja realizada uma reunião de exposição dos resultados, cabendo a cada área/profissional responsável em desenvolver as ações a apresentação dos resultados alcançados. Como exemplo, podemos citar o alinhamento que deve existir entre o pessoal de marketing, vendas, compras e Planejamento e Controle de Produção (PCP). Não se pode prever grandes estratégias de vendas sem que haja alinhamento com os responsáveis por comprar a matéria-prima e aqueles que devem planejar os recursos de produção.

Planejamento e Controle de Produção: a área de PCP é responsável pela previsão de recursos necessários à produção da empresa.

É importante que essa reunião seja realizada de forma sistemática para que sejam feitos os ajustes necessários visando adequar os planos conforme as ocorrências. Se possível, sugere-se que as discussões e decisões dessas reuniões fiquem registradas em atas. A ata possibilitará sanar as dúvidas sobre as discussões e as tomadas de decisões que porventura surjam.

Durante a reunião, o responsável pela estratégia/plano de ação também deverá adequar seu planejamento conforme as contribuições das demais áreas, mantendo, dessa forma, seu plano de ação revisado e atualizado.

Acompanhe na *Web*

Atualmente, as empresas buscam cada vez mais estratégias inovadoras em vendas. O Instituto Endeavor deu sua contribuição nesse sentido:

» **Estratégia 1:** defina sua meta.

» **Estratégia 2:** ajuste o funil.

» **Estratégia 3:** crescimento por novos clientes.

» **Estratégia 4:** crescimento por clientes existentes.

Leia mais em: <https://endeavor.org.br/plano-de-vendas-webinar/>. Acesso em: 30 dez. 2017.

Para refletir

1. Qual é a importância de se dispender tempo na elaboração de um plano de marketing?

2. A união de forças entre vendas e marketing pode trazer bons resultados para o atingimento das metas comerciais traçadas pelas empresas?

3. Quais são os principais objetivos ou finalidades do plano de marketing?

4. Por que a definição da missão, visão e valores é tão importante na fase de implementação do plano de marketing?

Capítulo 2

Princípios e Estratégias de Marketing

Este capítulo tem por objetivo apresentar o conceito de marketing, destacando sua aplicação prática para atender a demandas específicas e atingir os resultados esperados pelas organizações.

Trataremos mais especificamente dos assuntos citados a seguir:

- os elementos que compõem o marketing;
- a evolução histórica do marketing;
- os principais objetivos do marketing;
- perspectivas de atuação do marketing;
- marketing de varejo;
- *trade marketing*;
- serviços de marketing.

Ao finalizar este capítulo, esperamos que você seja capaz de:

- entender o conceito, a importância e a relação das estratégias de marketing com as vendas das empresas;
- relacionar a teoria com a prática comercial por meio das estratégias corretas de marketing;
- compreender a relevância da estratégia de marketing na busca de resultados comerciais.

2.1 Introdução

A palavra "marketing", da língua inglesa, não tem uma tradução objetiva e clara para o português, por isso, para respondermos à pergunta "o que é marketing?", precisamos recorrer ao que dizem autores e estudiosos da área.

Marketing pode ser relacionado às palavras "mercadologia" ou "comercialização". A primeira, embora uma tentativa de tradução para o português, não atende à proposta de definir o que é marketing. Já a segunda corresponderia a ações vinculadas ao processo de comercialização de bens ou serviços, mas não equivale à sua real definição, uma vez que constitui apenas uma das funções do marketing.

Um dos pilares do marketing, os produtos, referem-se aos bens tangíveis, ao passo que os serviços, aos bens intangíveis. Porém, cada vez mais utilizamos as duas palavras associadas, pois quando nos referimos aos produtos, eles sempre estão associados aos serviços. Por exemplo, quando você compra um caderno em uma livraria, recebe um serviço de atendimento realizado pelo vendedor. Nesse caso, você terá um produto e um serviço. No caso de uma escola, todas as atividades são consideradas um serviço e não possui um produto tangível. Tal assunto também será explorado neste capítulo.

Vale ressaltar que, para efeitos de gerenciamento financeiro, às vezes nos referimos aos serviços comercializados por uma empresa como um produto. Dessa forma, a empresa consegue identificar todas as receitas e custos associados.

2.2 Elementos que compõem o marketing

Após entender o que é marketing, podemos analisar os principais elementos que compõem seu estudo e como eles se articulam em uma relação de interdependência. São eles:

- **Natureza:** representa as condições ambientais do local em que as pessoas vivem, como alterações climáticas, topografia, umidade, altitude, nível de urbanização etc.

- **Macroambiente:** está relacionado às variáveis externas, que vão além do contexto da organização produtora de bens e serviços, como políticas governamentais, desenvolvimento tecnológico, sistema econômico, cultura da população etc.

- **Microambiente:** está relacionado à maneira como cada empresa se relaciona no próprio contexto de negócio e como ela lida com as demais variáveis.

- **Produtor ou prestador de serviços:** na prática, é a empresa ou organização que produz bens ou presta serviços, também no papel de principais empregadores.

- **Bens e serviços:** artigos ou serviços comercializados que atenderão às necessidades do consumidor, sendo elaborados e produzidos conforme as expectativas dele.

- **Consumidor:** aquele que busca atender às suas necessidades e aos seus desejos a partir da compra de produtos ofertados por empresas e demais comerciantes.

Muitas vezes, ouve-se dizer que o sucesso de uma organização é atribuído às ações de marketing. Mas qual é o motivo dessa afirmação? O motivo é que o marketing é responsável pelo estudo de mercado e público-alvo, o qual levará à criação de ações que fazem o consumidor optar por um determinado produto. A dúvida que resta é como o marketing faz isso. Tomar decisões de marketing envolve análises abrangentes e profundas, buscando entender tanto o panorama geral do mercado quanto o detalhamento da produção:

- Quais são as características do produto a ser lançado? Quais são as cores e a embalagem dos produtos?
- Qual preço o público-alvo está disposto a pagar? Esses preços são suficientes para cobrir os custos da empresa?
- Onde os produtos serão comercializados?
- Como serão realizadas as propagandas?

Essa análise deve ser realizada pela área de marketing para que a empresa diminua seus riscos e alcance seus objetivos. Boas estratégias de marketing devem ser pautadas em criar produtos que o mercado deseja adquirir, minimizando, assim, maciços investimentos em propaganda. Se a empresa cria algo que o mercado deseja consumir, será muito mais fácil vendê-lo.

Veja que o marketing tem como responsabilidade fazer a empresa entender melhor as necessidades do mercado, adequar os produtos para atender diretamente a seus consumidores, garantindo mais satisfação para o cliente e melhores resultados para as empresas. O marketing faz uma "ponte" entre a empresa e o mercado consumidor.

2.3 Evolução histórica do marketing

FIGURA 2.1: Estratégias de propagandas vinculadas a celebridades da época.

Para falar da evolução histórica do marketing, é preciso analisar a história e a linha evolutiva da própria humanidade. A seguir, você verá como o nosso objeto de estudo tem relação direta com a evolução do homem.

2.3.1 Pré-história

Os homens viviam em cavernas e tinham como objetivo de vida a própria sobrevivência.

Naquela época, eles se alimentavam do que conseguiam da caça e da pesca. Apesar desse contexto simples, o homem apresentava suas particularidades, pois enquanto alguns tinham mais habilidade para a caça, outros tinham para a pesca, ou, ainda, para a criação de instrumentos, o que destacava a capacidade de produção e de consumo de cada comunidade e o desejo por aquilo que o outro fazia de melhor.

Durante o percurso secular da evolução humana, novas técnicas provocariam melhorias das condições de sobrevivência, principalmente a partir da invenção da roda, que facilitaria o trabalho, o transporte e o surgimento de novas tecnologias.

2.3.2 Revolução Industrial

Esse marco histórico (invenção da roda) é caracterizado pela produção em larga escala e realizada por máquinas (século XVIII), contendo, ainda, poucas distinções, variedades, tamanhos, sabores, modelos etc., mas já representava uma importante modificação no padrão do consumo, que passava de artesanal e com baixa oferta para industrial e produzida em larga escala – movimento que ocorre até os dias de hoje.

FIGURA 2.2: Indústria na Revolução Industrial – foco na linha produção.

A Revolução Industrial representou o período de transição dos processos de manufatura, ou seja, de trabalho e de produção, que aconteceu entre 1760 e 1840, com início no Reino Unido, e, mais tarde, atingindo outros países da Europa. O que até então era fabricado manualmente e de maneira artesanal, passou a ser feito com o auxílio de máquinas – troca que agilizou o trabalho, aumentou a produção e, consequentemente, o consumo, além do capital dos donos de fábricas e demais comerciantes. Essa troca também acarretou a criação de novos produtos químicos, novos processos para produção de ferro, uso recorrente da energia a vapor e utilização do carvão em vez de madeira e outros biocombustíveis.

2.3.3 Séculos XIX e XX

Até meados do século XVIII, a concorrência entre as empresas era insignificante, uma vez que o foco era a produção de artigos de consumo que suprissem apenas as necessidades básicas da vida. Contudo, no final do século XIX, o gerenciamento das organizações ganhou nova percepção, impulsionando novos métodos e modelos de produção. Surgiu, então, a administração científica de Frederick Taylor e Henri Fayol.

FIGURA 2.3: Taylor e Fayol, percursores da Administração Científica.

No século XIX, com o desejo constante de aumentar e tornar mais eficaz a produção, as indústrias passaram a ser objeto de estudo e o gerenciamento dessas organizações optou por testar novos métodos e modelos, elaborados especialmente para que tivessem um desempenho cada vez melhor. Inicia-se, portanto, a análise do comportamento e dos hábitos dos consumidores para decifrar quais produtos poderiam vender mais e, ainda, como aumentar essas vendas por meio de técnicas promocionais.

Já no século XX, pesquisadores da área de gestão das organizações começaram a analisar o comportamento e os hábitos dos consumidores. Destaque para o psicólogo estadunidense Abraham Harold Maslow, que publicou um trabalho abordando hierarquia das necessidades humanas, apresentada no formato de uma pirâmide com cinco níveis.

FONTE: ADAPTADO DE KOTLER E KELLER (2006, P. 184).

FIGURA 2.4: Pirâmide da Hierarquia das Necessidades, segundo Maslow.

A teoria de Maslow procurou entender e definir o comportamento das pessoas como consumidores, e logo passou a ser utilizada pelo mundo das organizações com o objetivo de incrementar as vendas e aumentar seu capital.

FIGURA 2.5: Maslow, criador da Pirâmide de Maslow, que apresenta a hierarquia das necessidades do ser humano.

PRÁTICAS COMERCIAIS Marketing e Técnicas de Vendas

2.3.4 Década de 1960

Nos anos 1960, Philip Kotler, teórico estadunidense, analisou as mudanças nos perfis dos consumidores para definir, estruturar e organizar o estudo da relação entre produção e consumo, ou seja, do marketing, ampliando a visão do negócio, que antes tinha como foco somente maneiras de como vender e produzir mais.

De olho no comportamento do consumidor e nas mudanças sociais, econômicas e políticas do mundo, Kotler foi capaz de indicar quais eram as tendências de gestão de marketing para as empresas e, desde então, é reconhecido como referência na área.

O marketing de hoje continua buscando a otimização dos processos de produção e consumo, mas, agora, em um mercado cada vez mais competitivo e diversificado.

2.4 Objetivos do marketing nas empresas

As atividades de marketing também estão relacionadas à propaganda e à publicidade, mas a dimensão de sua atuação é muito maior. Entre as atribuições que competem aos profissionais de marketing, podemos citar:

- definição de mercados;
- identificação do significado do valor dos produtos oferecidos aos clientes;
- apoio na busca da satisfação dos clientes;
- orientação da empresa na utilização de diferentes canais de comunicação;
- conhecimento da cadeia de suprimentos da empresa, desde o momento da aquisição das matérias-primas até a entrega do produto final;
- identificação da concorrência e como se posicionar em relação a ela;
- planejamento de todas essas atividades.

A área de marketing deve definir ações em conjunto com a gestão estratégica da empresa, como qual é a melhor alternativa de mercado: ouro ou petróleo? Ou será melhor apostar no futebol, por exemplo? Quanto deve ser investido? Qual retorno esperar?

2.4.1 Perspectivas de atuação do marketing

Você deve estar curioso para saber: afinal de contas, em quais locais podem ser desenvolvidas as atividades de marketing e quais tipos de empresa contratam profissionais dessa área? Esses assuntos serão abordados neste tópico.

Os profissionais da área de marketing podem atuar em diversos segmentos de empresas públicas e privadas, com fins lucrativos ou não, e diretamente na promoção de pessoas físicas e com negócios digitais. Segundo Kotler (2006), os profissionais dessa

Princípios e Estratégias de Marketing

área podem se envolver com diferentes tipos de negócios, promovendo sempre o aperfeiçoamento da empresa, fazendo-a alcançar as melhores posições no mercado.

A seguir, veja algumas possibilidades de segmentos que possuem um departamento de marketing para cuidar de ações, campanhas e demais atividades referentes a essa área (KOTLER, 2013).

- » **Bens:** são os artigos físicos e materiais. As ações de marketing são necessárias para estimular sua comercialização e consumo, como carros, televisões, livros etc.

- » **Serviços:** um dos setores que mais cresceu em 2016 no Brasil foi a prestação de serviços, chegando a 70% dos empregos formais do país. Consequentemente, o marketing é utilizado para promover a prestação de serviços de bancos, escolas, estabelecimentos de saúde etc.

- » **Eventos:** congressos, feiras, shows e campeonatos esportivos, como a Copa do Mundo e as Olimpíadas, necessitam de um extenso e complexo planejamento, que é realizado pelo profissional de marketing. A execução do plano de marketing também é responsabilidade da área.

- » **Pessoas:** artistas, de modo geral, cantores, atores e modelos famosos, ou mesmo especialistas de uma determinada área que ganharam notoriedade na mídia, utilizam dos recursos do marketing para promoverem sua imagem e trabalho em revistas, jornais e sites.

- » **Lugares:** muitas cidades e países têm como principal renda o turismo e a divulgação de seus atrativos naturais e culturais, incluindo praias, reservas ecológicas, restaurantes e museus.

- » **Empresas:** todas dependem que o público consumidor conheça sua marca e seus produtos. Para tanto, o departamento de marketing realiza uma série de atividades para promover o relacionamento da empresa com o seu público-alvo.

- » **Design:** a produção de embalagens e o desenvolvimento do design de produtos são especializações que podem ser realizadas por profissionais que atuam na área de marketing.

Além dos exemplos citados, existem outras áreas de atuação que dependem do trabalho desenvolvido pelo marketing e que são ainda mais específicas, como:

- » **Marketing esportivo:** atuação com foco na promoção de atividades profissionais e empresas envolvidas no ramo do esporte. No Brasil, o futebol é um dos setores que mais contrata profissionais especializados em marketing esportivo.

- » **Marketing político:** atuação com foco na divulgação de partidos políticos e seus candidatos.

- **Marketing social:** atuação voltada para a divulgação de serviços relacionados à saúde, alimentação, educação, transportes e outros com foco em ações beneficentes.
- **Marketing cultural:** atuação com foco na divulgação e promoção de empresas associadas a projetos culturais, vinculando sempre seu nome e sua marca ao evento em questão.

2.5 Marketing no varejo

Há menos de dez anos, a atuação e a importância do varejo no Brasil eram tão pequenas em relação aos fabricantes que muitas indústrias chegavam a não o valorizar. Porém, com o aumento do poder de compra da "nova classe média" brasileira, a possibilidade de crédito e, consequentemente, o surgimento dos grandes varejistas (supermercados e grandes lojas), fizeram com que essa percepção e a relação de poder entre varejistas e consumidor mudassem. Os varejistas tornaram-se os grandes representantes dos clientes, fazendo toda a intermediação entre produtores, fabricantes e o mercado consumidor final.

FIGURA 2.6: Shoppings como estratégias de venda em massa no varejo.

2.5.1 A nova classe média

Nos últimos anos, o crescimento da economia brasileira, aliado a medidas governamentais de aumento de renda da população, acarretou uma significativa ampliação da classe média, que passou a ser chamada de "nova classe média", ou "nova classe C". Representando uma fatia de 54% dos brasileiros, essa nova classe média é formada por 108 milhões de pessoas, com renda *per capita* entre R$ 320,00 e R$ 1.120,00.

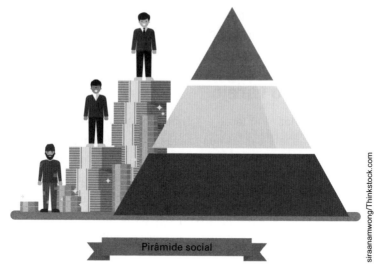

FIGURA 2.7: Nova Classe Média – mudança no comportamento de consumo.

Com o aumento da renda e com medidas que facilitam o crédito, o poder de compra também aumentou, afetando diretamente na qualidade de vida do brasileiro, que passou a consumir mais bens duráveis e serviços. Itens como telefones celulares, internet de banda larga, TV a cabo, restaurantes, planos de saúde, shows e viagens entraram na lista de compras, aquecendo não só a indústria, mas principalmente o varejo.

2.5.2 Conceito de varejo e seu campo de atuação

Todos nós já somos consumidores do varejo, uma vez que ele está em todos os lugares que frequentamos, como mercados, farmácias, lojas, lanchonetes, postos de gasolina e outros mais.

Podemos concluir, então, que o varejo é representado pelas lojas que vendem produtos e serviços diretamente ao consumidor. Os varejistas são os intermediários entre os fabricantes e o consumidor, ou seja, são os responsáveis por comprar dos fabricantes, organizar os produtos para facilitar a venda e precificar os mesmos produtos para que os consumidores tenham acesso ao que é produzido ou industrializado.

2.5.3 Evolução histórica do varejo

A história do varejo no Brasil é datada do século XVI, com o comércio do pau-brasil, tornando-se um agente, de fato, relevante na economia do país nos últimos dez anos.

O crescimento do varejo no país cresceu entre 10% e 15% nos últimos quatro anos e, com o crescimento da nova classe média, a tendência é que este índice permaneça.

Inicialmente, o processo de mudança era lento, mas, em virtude das mudanças econômicas, tecnológicas e sociais pelas quais o país vem passando nos últimos anos, o desenvolvimento do varejo tem sido cada vez mais dinâmico e promissor.

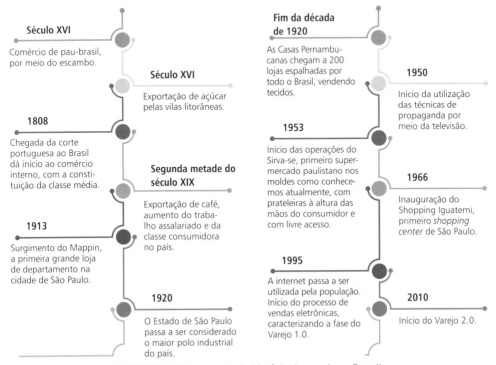

FIGURA 2.8: Retrospecto da história do varejo no Brasil.

Segundo especialistas, até o momento, o varejo mundial viveu três fases: o Varejo 0.0, 1.0 e 2.0.

A primeira fase, denominada Varejo 0.0, está relacionada a todo o comércio que ocorreu antes de 1995, em que o consumidor era apenas um espectador, observando passivamente os produtos que desejava comprar, sem recursos para interagir com os fabricantes e varejistas.

A segunda fase, denominada Varejo 1.0, refere-se ao período entre 1995 e 2010, no qual o consumidor passa a se conectar à internet e ter acesso a vários produtos que eram indisponíveis até então.

E agora vivemos a fase do Varejo 2.0, no qual o consumidor ganha um novo papel na relação de consumo, passando de espectador para autor, uma vez que colabora diretamente na construção dos produtos e compartilha diversas informações relacionadas à sua compra nas redes sociais.

2.5.4 Tipos de varejo

O varejo é considerado uma ponte vantajosa entre fabricantes, produtores e mercado consumidor, pois é por meio dele que o produto chega ao cliente final. Os varejistas facilitam e tornam o ato de comprar ainda mais prazeroso e satisfatório, pois, além dos produtos, oferecem serviços de estacionamento, crédito para as compras, entrega e manutenção. Você já imaginou como seriam as nossas vidas sem os varejistas?

Ao longo do tempo, os varejistas se organizaram e se especializaram na forma de vender, de expor suas mercadorias e nos tipos de produtos e serviços que ofertavam para os clientes. Podemos destacar como os principais tipos de varejistas:

- **Lojas de departamentos:** lojas grandes, com diferentes linhas de produtos, localizadas em shopping centers e ruas comerciais, disponibilizam diferentes sistemas de créditos, empacotamento, entre outros, como Magazine Luiza, Renner, Casas Bahia, Casas Pernambucanas, Riachuelo etc.

- **Lojas independentes:** grande maioria das lojas; são de simples gestão, possuem clientes fiéis e atendimento personalizado, como papelarias, farmácias, padarias, mercadinhos etc.

- **Lojas em cadeia:** também conhecidas como franquias, são compostas pelos varejistas que atuam como um grupo, contendo quatro ou mais lojas, e que vendem os mesmos tipos de produtos com uma gestão única e centralizada, como O Boticário, Rei do Mate, Casa do Pão de Queijo etc.

- **Lojas especializadas:** fornecem tipos específicos de produtos para um determinado público ou objetivo, como perfumarias, casas de construção e as de esporte.

- **Supermercados:** as mercadorias estão acessíveis aos clientes em gôndolas e organizadas por tipos de produto, como limpeza de casa, higiene pessoal, frios, carnes etc.

- **Lojas de conveniência:** lojas pequenas, geralmente localizadas em postos de gasolina e próximas a áreas residenciais. Oferecem produtos de alta rotatividade, como lanches, refrigerantes e cafés, porém, vendem poucas variedades de produtos, como a BRMania e 7Eleven.

- **Lojas de descontos:** lojas que vendem produtos com uma margem pequena de lucratividade, mas com grande volume de vendas, como as lojas de R$ 1,99.

- **Lojas de liquidação:** também conhecidas como *outlets*, essas lojas vendem produtos fora de linha ou da estação da moda com descontos especiais, podendo ser multimarcas ou específicas de uma só marca, Como a Q! Bazar, Outlet Premium etc.

>> **Varejo sem loja:** vendas realizadas diretamente aos consumidores, por meio de diferentes métodos e sem a existência de uma loja física. No Brasil, existem várias marcas que chegam a seus clientes por meio de catálogos, como é o caso da Avon e da Natura. Outras empresas optam pela venda automática, deixando os produtos disponíveis em máquinas, geralmente localizadas em aeroportos, hotéis e dentro de empresas.

2.5.5 Decisões de *trade marketing*

O conceito de *trade marketing* está relacionado à uma área específica do marketing, ligada ao aumento da procura por parte do atacadista, varejista ou distribuidor e que pode trazer vários benefícios para esses agentes.

O mercado do varejo é muito dinâmico. A todo momento, vemos lojas abrindo e fechando, algumas crescendo e outras estagnadas. Isso se deve ao fato do alto grau de competitividade que existe entre elas, além do crescente estímulo à postura empreendedora na sociedade, levando mais pessoas a abrirem seu próprio negócio para conseguirem novas oportunidades de geração de renda – fato que, na maioria das vezes, significa partir para o varejo.

Porém, ter uma loja não é apenas colocar as mercadorias dentro dela de forma organizada e bonita. É preciso dedicação, estar atento às necessidades dos clientes, buscar e identificar os melhores e mais vantajosos fornecedores, capacitar os vendedores, ter um bom sistema de gestão, que seja informatizado, de preferência, para facilitar o controle da loja.

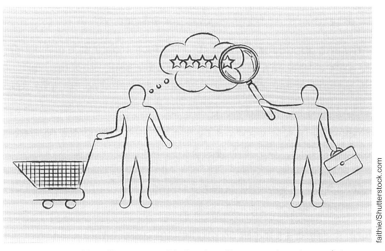

FIGURA 2.9: Identificar necessidades dos clientes – alma do negócio.

Princípios e Estratégias de Marketing

Segundo Las Casas (2013), as principais funções de um varejista são: vender, selecionar, financiar, comprar, distribuir, armazenar, controlar a qualidade, transportar, prestar informações de marketing e absorver riscos. Veja, a seguir, o que envolve cada um desses itens:

» **Vender:** divulgar, promover e estimular a venda de bens e serviços aos clientes potenciais, por meio da divulgação da loja em jornais e revistas próprios ou não, sempre na busca de ampliar o número de consumidores.

» **Selecionar:** identificar continuamente no mercado novos produtos para os clientes, conforme seu mercado-alvo.

» **Financiar:** dependendo dos produtos que são vendidos, é essencial que o varejista disponha de linhas de crédito a fim de que os clientes possam ter maior facilidade financeira para adquirir os produtos. Como exemplo, podemos citar alguns supermercados e farmácias que, atualmente, estão adotando a possibilidade de parcelamento das compras.

» **Armazenar:** armazenar e proteger os produtos a serem comercializados, visando mantê-los em perfeito estado e conforme as definições do fabricante, evitar a perda de mercadorias e não vender produtos danificados ou fora da validade, como manter os laticínios em geladeira diariamente.

» **Distribuir:** a partir do momento que é o varejista quem compra as mercadorias do atacado, ou seja, em grandes quantidades, logo, compete a ele separar os produtos em unidades que sejam consumidas pelos clientes. Por exemplo, o varejista compra do atacadista uma caixa com 50 escovas de cabelo, o que torna necessário abrir essa caixa e vender as escovas por unidade.

» **Controlar a qualidade:** o varejista escolhe e seleciona o que vende, logo, compete a ele conhecer a rede fornecedora dos seus produtos, verificando, inclusive, a sua procedência, como é o caso da visitação em uma fábrica de pães industrializados.

» **Transportar:** buscar maneiras de transportar os produtos dos fabricantes até o consumidor final, como é o caso da Amazon, que em muitas situações de compra já solicita ao fornecedor que faça a entrega diretamente ao consumidor final. Também há mercados que fazem a entrega das compras na casa do consumidor sem cobrar taxa.

» **Informar sobre a posição do marketing:** como o varejista possui contato direto com o consumidor final, ele recebe *feedback* sobre o produto. Nessa condição, ele pode se tornar um grande parceiro do fabricante, transmitindo-lhe os desejos e as observações dos clientes, podendo, então, melhorar seus produtos.

- **Absorver riscos:** todas essas atividades geram riscos, como comprar estoque acima do que será vendido, perda de validade dos produtos não vendidos, desvio de mercadorias, entre outros. Consequentemente, é o varejista que deve assumir essas responsabilidades e riscos.

Você percebeu que, para ser varejista, é preciso muita atenção e dedicação, e que as preocupações não acabam apenas nesses itens apresentados. Existem, ainda, as decisões de marketing, como mercado-alvo; serviços e ambiente de loja; sortimento de produto; atividades e experiências na loja; suprimento; preço; comunicação; e localização. Veja, a seguir, o que envolve cada um desses tópicos:

- **Mercado-alvo:** quem é meu cliente?

- **Sortimento de produtos:** que tipo de produto venderei?

- **Suprimento de produtos:** quais serão os meus fornecedores?

- **Serviços da loja:** o que mais vou ofertar?

- **Ambiente:** como organizar meu espaço e receber meu cliente?

- **Atividades e experiências na loja:** como atrairei os clientes para minha loja?

- **Preço:** qual margem de lucro praticarei? Farei promoções?

- **Comunicação:** que ferramentas de comunicação usarei para atrair meus clientes?

- **Localização:** onde abrirei minha loja: rua ou shopping?

Vimos até agora questões relacionadas ao varejo em loja física, com produtos tangíveis. Mas como proceder quando estamos trabalhando com serviços? É o que veremos a seguir.

2.5.6 Serviços

Diferentemente de um produto tangível – ou seja, um bem material e físico, que você pode pegar fisicamente – os serviços são produtos não tangíveis, ou seja, não materiais, mas que podemos sentir, vivenciar e experimentar, podendo também fazer parte de um produto tangível ou não. Mas o conceito de serviço vai muito além da sua tangibilidade ou não.

Neste momento, abordaremos os serviços que fazem parte do contexto do varejo.

No mercado atual, há cada vez mais empresas oferecendo produtos muito semelhantes, fato que gera grande concorrência, e um dos grandes diferenciais que as organizações encontraram como alternativa é a prestação de serviços. Como vimos anteriormente, para vender um produto, é necessário pensar nas fases antes do processo da venda, durante a venda e após a entrega do produto. Ou seja, para que a venda ocorra, é necessário desencadear uma série de atividades que constituem os serviços agregados, valorizando mais ou não os produtos vendidos.

Toda empresa presta serviços. Por exemplo, uma indústria farmacêutica não apenas vende remédios, mas também atua na orientação dos médicos a respeito de como é o processo de utilização de um determinado medicamento. Em outros casos, alguns laboratórios de produtos farmacêuticos preparam seus vendedores para acompanhar as cirurgias médicas dentro do centro cirúrgico, para que possam apoiar o médico no emprego de um medicamento ou material que será utilizado no ato cirúrgico.

Afinal de contas, essas empresas vendem medicamentos e materiais médicos ou prestam serviços médicos? É possível dissociar a prestação de serviços do produto?

Analisando o mercado do varejo, alguns serviços são considerados mais importantes e merecem destaque, como empacotamento, lanchonetes e restaurantes, provadores, entregas, atendimento ao cliente e crédito.

A definição de como esses serviços serão oferecidos pelo varejo e quais deles são importantes para o cliente ainda será afetada pelos seguintes itens:

▸▸ **Oferta da concorrência:** o varejista deve conhecer quais são os serviços ofertados pelos concorrentes, para que também possa implementar esses serviços ou criar alternativas para superar essa vantagem do concorrente.

▸▸ **Tamanho e *layout* da loja:** o tamanho da loja pode, ou não, possibilitar o oferecimento de serviços.

▸▸ **Recursos humanos:** contratação de pessoas para realizar os serviços considerados importantes e essenciais.

▸▸ **Recursos financeiros:** verificar o impacto financeiro da implantação desses serviços nos preços dos produtos, considerando os custos.

▸▸ **Tipo de produto vendido:** alguns tipos de produto exigem a prestação de serviços para o cliente, como é o caso da venda de equipamentos de informática ou de móveis planejados.

▸▸ **Perfil do consumidor:** conforme os hábitos do consumidor, é possível prever o que eles precisam e esperam de uma loja.

Acompanhe na Web

A revista técnica *HSM Management* traz matérias interessantes sobre gestão, lideran-ça e marketing. Acesse: <www.revistahsm.com.br>.

Para refletir

1. O profissional de marketing tem muitas opções de trabalho e em diferentes tipos de empresas, mas, apesar disso, sabemos muito pouco sobre o perfil esperado pelo mercado. Com base em entrevistas e no trabalho de alguns profissionais de marketing conhecidos publicados em revistas, jornais ou sites:
   a. faça um levantamento das características pessoais e profissionais comuns entre eles.
   b. trace um perfil do profissional de marketing, com 5 a 10 características que sejam desejáveis.

2. Você foi convidado para trabalhar em uma organização não governamental (ONG) que tem como principal causa a inserção de pessoas com deficiência no mercado de trabalho. Porém, essa ONG está com muitos problemas de imagem perante a comunidade, em consequência de noticiários informando à população que o propósito para o qual ela existe não está sendo atendido de maneira satisfatória. Conversando com alguns funcionários, você percebeu também um grande descontentamento em função de infraestrutura, condições de trabalho e falta de recursos. Essa ONG tem seus recursos financeiros oriundos de contribuições de empresas e festas para a comunidade que são insuficientes para sua manutenção.

3. Com base nas atribuições dos profissionais de marketing, responda:
   c. Quais ações você realizaria para identificar os reais problemas da ONG?
   d. O que você procuraria saber?
   e. Quais problemas éticos estão envolvidos nesta problemática?
   f. Quais decisões você tomaria para melhorar o desempenho da ONG com base nas ações sugeridas na questão anterior?

4. Simule a inauguração de uma loja, considerando o tipo de varejo escolhido pelo professor para o seu grupo. Para isso, você deve responder aos tópicos listados a seguir, considerando o contexto social e econômico do local que escolherem para abrir seu negócio:

g. Tipo de varejo.

h. Nome da loja.

i. Localização (região da cidade em que mora).

j. Tipos de produto que serão vendidos.

k. Público-alvo.

l. Tamanho da loja.

m. Variedade dos produtos.

n. Preço mínimo e máximo dos produtos.

o. Forma de exposição dos produtos.

p. Serviços oferecidos.

q. Diferencial.

Capítulo 3

Segmentação e Posicionamento de Mercado

Este capítulo tem por objetivo abordar os conceitos ligados à segmentação de marketing, que trata de identificar em um mercado heterogêneo um determinado grupo de indivíduos, com respostas e preferências semelhantes de produtos.

Trataremos mais especificamente dos assuntos citados a seguir:

- necessidades, desejos e demandas;
- mercados-alvo, posicionamento e segmentação;
- ofertas e marcas;
- valor e satisfação;
- canais de marketing;
- cadeia de suprimentos;
- concorrência;
- 4 Ps de marketing.

Ao finalizar este capítulo, esperamos que você seja capaz de:

- entender as questões ligadas ao posicionamento de mercado;
- relacionar a teoria com a prática comercial;
- elaborar um plano de ação de vendas;
- compreender a relevância de se programar para atingir os resultados comerciais;
- interpretar os 4 Ps de marketing para a área de vendas.

3.1 Introdução

A segmentação de mercado é uma das estratégias mais utilizadas atualmente. Desenvolver e direcionar produtos de forma customizada ao seu público-alvo é algo que vem apoiando a alavancagem das vendas. É muito mais produtivo desenvolver algo que o cliente deseja consumir, por segmento, pois assim se gasta muito menos em propaganda para tentar "empurrar" algo para o cliente consumir.

A segmentação é um processo de seleção dos clientes que são alvo para futuros relacionamentos da empresa, sempre observando que a oferta de produtos e serviços deve se adequar ao perfil do cliente. Dessa forma, é possível alinhar as propostas de valor do negócio.

3.2 Necessidades, desejos e demandas

Vimos que uma das funções do marketing é entender as necessidades do ser humano, para que possam ser oferecidas a ele oportunidades de compra e contratação de bens e serviços que ele precisa ou deseja. A partir deste entendimento é que se desenvolve uma parte significativa das ações de marketing.

FIGURA 3.1: Necessidades de consumo – estratégia de *mix* de produtos.

Vamos entender esse conceito na prática? No fim do seu dia, após horas de trabalho e de estudo, você tem a necessidade de descansar; logo, precisa de uma cama para dormir. Isso é uma necessidade. O mesmo ocorre quando o seu horário de almoço se aproxima e você costuma sentir fome. Isso significa que tem a necessidade de comer.

Mas você não quer só uma cama para dormir, você quer uma cama do tipo *king size box*, com molas e de uma marca específica. Ou seja, você deseja algo específico que satisfaça a sua necessidade.

Vale lembrar que um desejo pode ainda ser afetado por fatores culturais de cada sociedade, por exemplo, uma pessoa pode preferir uma rede e não uma cama para dormir, fato que depende da cultura local de uma população e do gosto pessoal.

Porém, para efetuarmos uma compra, não basta a necessidade ou o desejo por algo. Dependemos de mais elementos, mas quais são eles?

Claro que um dos elementos que precisamos para comprar é dinheiro. Em outras palavras, precisamos ter poder aquisitivo que nos permita acesso àquilo que queremos ter. Por exemplo, é possível que muitas pessoas gostariam de ter um avião para viajar a qualquer momento, mas quantas delas possuem dinheiro suficiente para efetuar essa compra e manter a aeronave?

Além de dinheiro, o bem ou serviço precisa estar disponível para venda, precisamos ter acesso e possibilidade de compra. Kotler (2013) conceitua essa questão como demanda, ou seja, é o desejo por produtos específicos, apoiado pela capacidade de comprar – que envolve dinheiro, autonomia do consumidor e disponibilidade do mercado.

3.2.1 Identificando as necessidades dos clientes

Você já respondeu a uma pesquisa de satisfação em algum lugar que frequentou?

Pois esse é um dos instrumentos utilizados pelas empresas para que possam identificar o que os clientes querem, a fim de que sejam criados novos produtos, bem como para identificar as oportunidades de melhorias na prestação dos serviços que oferecem.

FIGURA 3.2: Verificando as necessidades dos clientes potenciais.

Na sociedade atual, podemos precipitadamente achar que todas as necessidades dos clientes já foram atendidas, não restando novos produtos a serem oferecidos. Entretanto, analisando o nosso redor, podemos perceber que sempre teremos diferentes necessidades a serem atendidas, até mesmo porque estamos em constante estado de evolução e novos acontecimentos surgem a todo momento.

Os profissionais de marketing estão atentos a duas situações: a geração de necessidade e a observação de tendências. Por exemplo, o fax surgiu da necessidade de transmitir documentos a longa distância. Até a década de 1990 era muito utilizado e eficaz no que se propunha, mas, com o advento do computador, do escâner e da internet, nova tendência, o fax já não é mais a primeira opção de transmissão de documentos de muitos consumidores e eles passaram a optar pelo envio por novas tecnologias.

3.3 Mercados-alvo, posicionamento e segmentação

Para entendermos melhor os conceitos de mercado-alvo (ou público-alvo), posicionamento e segmentação, que serão trabalhados neste tópico, começaremos com uma simples pergunta: quem são os clientes da Coca-Cola e do McDonald's?

FIGURA 3.3: Foco no cliente.

A resposta também é simples: todas as pessoas que podem consumir seus produtos. As empresas precisam ter um foco, um claro direcionamento na definição de quem é o seu mercado-alvo, para então conseguir se posicionar adequadamente em relação a seus clientes em potencial.

Podemos dizer que existem pessoas com necessidades, desejos e poder de compras semelhantes e que é possível agrupá-las por essas características similares, constituindo. Assim, o que os profissionais de marketing denominam de segmentos de mercado.

Esses grupos são definidos em função de suas características (KOTLER, 2013, p. 243):

- **Demográficas:** idade, tamanho das famílias, sexo, renda, grau de instrução, religião, raça, geração e nacionalidade.
- **Geográficas:** região, porte da cidade, densidade e área.
- **Psicográficas:** estilo de vida e personalidade.
- **Comportamentais:** benefícios, *status* e atitudes em relação ao produto/serviço.

Após a identificação dos segmentos de mercado, os profissionais de marketing decidem quais desses grupos apresentam melhores oportunidades para realizar negócios e obter os resultados desejados. Esses grupos escolhidos são chamados de mercados-alvo ou público-alvo.

Para conquistar os mercados-alvo, as empresas buscam oferecer a melhor forma de atender às necessidades ou aos desejos desses clientes e se esforçam para serem percebidas como uma imagem positiva e sobressaírem diante da concorrência, criando também uma identidade que as caracterizem e as relacionem com o público escolhido.

O posicionamento é como o mercado-alvo percebe uma empresa ou um produto em comparação aos concorrentes. Algumas empresas utilizam *slogans*, como "somos a Número 1!", "não queremos ser os maiores, mas os melhores" ou "mania do menor preço", a fim de se tornarem conhecidas pelos clientes por esses atributos.

3.4 **Ofertas e marcas**

Nas diversas mídias (televisão, rádio, jornais, revistas e internet), vemos as empresas anunciando grandes ofertas. Diante da palavra "oferta", o consumidor entende que os produtos estão com preços abaixo do padrão, gerando, assim, uma urgência para adquirirem determinados produtos, em um momento em que não necessariamente precisavam ou desejavam.

No entanto, a palavra "oferta" no mundo do marketing possui também outro significado. Entende-se que oferta é algo que a empresa está oferecendo para o mercado e que, muitas vezes, constitui-se de uma combinação de bens físicos, serviços, informações e experiências. É aquilo que a empresa "vende".

Quando uma empresa oferta um produto, ela promove várias associações; e essas associações constituem uma marca. Por exemplo, quando você pensa na marca McDonald's, é possível associá-la diretamente a hambúrguer, sorvete, novos lanches, espaço para crianças e diversão. Isso constitui a marca McDonald's.

Isso também acontece com algumas pessoas, ou seja, ao falar o nome de uma personalidade, é possível estabelecer várias associações. Por exemplo, ao mencionar os nomes Madonna e Michael Jackson, já podemos associar estilo musical, figurinos, coreografias e ritmos aos dois.

Para identificar sua marca, a empresa precisará desenvolver diversas atividades de marketing para que ela se consolide e seja facilmente identificada pelo mercado. Os funcionários das organizações também devem viver o espírito da marca, ou seja, sua missão e seus valores, na própria organização.

A empresa precisa se preocupar com as ações realizadas fora e dentro dela, para que seja percebida no mercado como uma empresa coerente, com a imagem condizente com as ações que pratica. Por exemplo, uma grife que se diz preocupada com sustentabilidade e posturas éticas, não pode permitir trabalho escravo em sua linha de produção.

3.5 Valor e satisfação

Para entender melhor o conceito de valor de uma marca ou produto, podemos partir da seguinte metáfora, bastante conhecida no mundo dos negócios.

Dizem que uma pessoa perguntou para três pedreiros: "o que vocês estão fazendo?". Um deles respondeu: "estou preparando cimento"; o outro disse "estou construindo uma parede"; e o terceiro respondeu feliz "estou fazendo um castelo".

Perceba que cada pedreiro atribuiu um valor diferente para a mesma atividade que estavam fazendo. A lição que podemos tirar dessa metáfora é que as empresas devem se preocupar com o valor do preço do seu produto, isto é, seu valor financeiro, e com o valor que o produto ou serviço representa e significa para o cliente.

FIGURA 3.4: Valor que o cliente atribui ao produto.

Prahalad (1995) afirma que toda empresa deve buscar sempre ser a melhor, ser diferente e, ainda, ter o menor custo possível para seus clientes, pois as empresas que satisfazem seus clientes passam a ter um valor significativo para eles.

A satisfação dos clientes resulta nos julgamentos que estes fazem sobre os produtos em função de terem sido ou não atendidos em suas expectativas. Em outras palavras, se o produto atendeu às expectativas do cliente, significa que ele dará valor positivo à experiência vivida, caso contrário, ficará insatisfeito e poderá perder o encantamento pelo produto ao qual teve acesso e, consequentemente, pela marca que o ofereceu.

Logo, podemos dizer que, quanto maior valor uma empresa possui, maior será a satisfação e a fidelização de seus clientes.

Esses conceitos viraram as empresas de "cabeça para baixo". O motivo é que, até a década de 1970, o foco das organizações era a alta administração e, hoje, o foco é o cliente. Henry Ford pronunciou certa vez que "qualquer um pode ter um carro da cor que queira, desde que seja preto", cor de seus carros. Hoje, a situação se inverte, pois a tendência é acreditar que o motivo da existência da empresa passa pela aprovação e valorização do produto pelo cliente. Se o produto não for bem aceito, não há por que uma empresa existir.

3.6 Canais de marketing

Após a empresa identificar as necessidades e os desejos de seus clientes, definir seu mercado-alvo, ter um produto para ser ofertado, estabelecer uma imagem a ser propagada e identificar os possíveis valores para satisfazer os clientes, o passo seguinte é identificar como se relacionará com o seu mercado-alvo. Para isso, os profissionais do marketing utilizam três canais, conhecidos como canais do marketing:

▸▸ **Canais de comunicação:** são os meios utilizados pela empresa para se comunicar com os clientes, recebendo e enviando informações e transmitindo todas as mensagens necessárias.

▸▸ **Os meios utilizados podem ser:** vídeos, televisão, rádio, jornal, revista, *outdoor*, correio, telefone, cartazes, folhetos, sites, blogs, redes sociais etc.

▸▸ **Canais de distribuição:** são os meios utilizados pela empresa para entregar seus produtos aos clientes. As formas mais comuns são por meio de atacadistas (que vendem apenas para empresas), varejistas (que comercializam diretamente ao consumidor) e agentes (representantes e parceiros).

▸▸ **Canais de serviços:** são os meios utilizados pela empresa para fazer as transações com os clientes potenciais. Por exemplo: armazéns, bancos, transportadoras, companhias de seguros etc.

Os canais de comunicação, de distribuição e de serviços devem ser escolhidos por cada empresa de acordo com o produto ofertado, o mercado-alvo e os valores que deseja agregar à sua marca. Cada caso é particular e deve ser planejado de acordo com cada realidade, competindo à empresa sempre o acompanhamento dos resultados.

3.7 Cadeia de suprimento

Considerando o caminho que um produto deve percorrer, desde a aquisição da matéria-prima até chegar ao cliente, e passando pelos canais de marketing (comunicação, distribuição e serviços), a cadeia de suprimentos pode ser entendida como todo o processo que é adotado pela empresa no modo de se organizar para percorrer esse caminho. Esse processo também é conhecido como *supply chain*.

FIGURA 3.5: Cadeia de suprimento – cérebro do processo integrado que envolve a logística.

Como exemplo, podemos citar uma fábrica de calçados que tem a sua cadeia de fornecedores iniciada com a compra do couro, passando pelas atividades de processamento, corte e produção, até chegar aos canais de marketing.

Compete à empresa acompanhar e observar o desempenho de toda a sua cadeia de suprimentos. As empresas costumam avaliar seus fornecedores como uma forma de verificação da qualidade dos produtos e serviços prestados por estes, pois a escolha inadequada de qualquer um deles poderá gerar prejuízos financeiros e de imagem para as empresas. Essa avaliação de fornecedores gera o credenciamento destes.

Tal atividade também é denominada homologação de fornecedores, na qual a empresa acompanha toda a cadeia produtiva para conferir se estão trabalhando dentro de seus padrões éticos e de responsabilidade.

É muito comum vermos nos noticiários de televisão, revistas, jornais e portais na internet empresas que possuem problemas com sua cadeia de suprimentos, principalmente quando não avaliam bem seus fornecedores. Em algumas dessas reportagens, são denunciados trabalhos escravos e origens de produtos que violam condições ambientais.

Empresas que se preocupam com sua imagem e assumem suas responsabilidades percorrem toda a sua cadeia de suprimentos, visando identificar quem são e como seus parceiros de fornecimento trabalham.

3.8 Concorrência

Tradicionalmente, a concorrência é um dos elementos mais analisados no mundo dos negócios. Porém, atualmente, alguns autores adotam o posicionamento de que devemos definir uma estratégia de marketing que seja tão diferenciada que o melhor seria ignorar a concorrência para buscarmos os **mercados azuis** (em marketing, referem-se àqueles que, de preferência, não têm concorrência, ou que a concorrência é consideravelmente baixa), como petróleo, medicamentos etc., e não **mercados vermelhos** (em marketing, referem-se àqueles com excesso de concorrentes, levando a enormes esforços para a empresa permanecer no mercado – fato que geralmente ocorre em função do baixo preço), como o mercado de arroz, feijão etc.

FIGURA 3.6: Mercados com pouca concorrência – petróleo e cana-de-açúcar.

De modo geral, podemos dizer que todos são afetados de alguma forma pela concorrência. Os principais tipos de concorrentes que uma empresa pode encontrar no mercado são:

- **Diretos:** possuem produtos e serviços do mesmo nível de categoria, apresentando características muito semelhantes. Por exemplo: as redes de supermercado Walmart e Carrefour.

- **Substitutos:** disputam o mesmo segmento de mercado, mas possuem características diferentes de seus produtos e serviços. Por exemplo: uma rede de supermercado, como o Walmart, e uma mercearia do bairro. A oferta de serviços do Walmart é bem superior à da mercearia do bairro, porém, muitas vezes, recorremos a esta para comprar algum artigo específico e genérico que faltou na hora de preparar uma receita, ou, ainda, porque só lá vende determinado produto, por exemplo, um doce caseiro.

- **Futuros:** possuem produtos da mesma categoria ou substituto, porém ainda não estão presentes no mercado; também são conhecidos como novos entrantes. Por exemplo: imagine uma cidade que possui uma megaloja de artigos esportivos, porém está prevista a entrada de outra megaloja para essa mesma cidade, com produtos importados e nacionais, além de todas as categorias esportivas. Em alguns casos, as empresas que já estão presentes no mercado chegam a criar barreiras para evitar a concorrência.

- ▶▶ **Alternativos:** essa é uma definição mais recente no mercado, mas de muito impacto. São concorrentes de segmentos diferentes, mas que afastam clientes de outros segmentos. Por exemplo: imagine que você sairá hoje à noite para se divertir, porém possui somente R$ 50,00. É bem provável que você deixe de ir a um restaurante para ir ao cinema e comer apenas uma pipoca. Pela análise tradicional, diríamos que o cinema não é concorrente de um restaurante, no entanto, com essa nova perspectiva de concorrência alternativa, os estabelecimentos passam a disputar o mesmo público.

- ▶▶ **Outro exemplo:** imagine que você trocou o modelo do seu celular, substituindo um que utilizava apenas para fazer e receber ligações, por um smartphone, com acesso à internet. O que acontecerá? Suas despesas mensais aumentarão, uma vez que terá que arcar com o preço das ligações e do acesso à internet, podendo impedir que você compre algum eletrodoméstico, frequente uma academia, além de fazer outras coisas que gostaria de fazer. Nesse caso, seu novo smartphone atua como concorrente alternativo para todos os serviços e bens que você deixou de contratar ou adquirir.

> **Você sabia?**
>
> Segundo estudos recentes, uma empresa gasta sete vezes mais para reconquistar do que para reter e fidelizar um cliente.

3.9 Níveis de segmentação

Quando falamos de segmentação de mercado, é preciso iniciar pelo marketing de massa.

Quando se busca lançar um produto em um mercado tão grande, visualiza-se a possibilidade de abrir um mercado maior que o esperado, gerando despesas menores e maior lucratividade.

Contudo, o mercado tem passado por constantes fragmentações, facilitando a segmentação, em virtude das dificuldades em ações de marketing de massa.

O micromarketing (em níveis de segmento, nicho, local e individual) passa a ser uma tendência, e muitos especialistas chegam a dizer que ações em marketing de massa em breve não mais existirão.

3.10 Principais mercados de clientes

O mercado pode ser definido como conjunto de compradores e vendedores em busca de seus objetivos de compra e venda, respectivamente. Ele pode ser dividido em segmentos, de modo a facilitar sua análise e a definição de estratégias de vendas, como mercado consumidor, organizacional, global e sem fins lucrativos.

3.10.1 Mercado consumidor

Nesse mercado, figuram as empresas que comercializam diversos produtos e serviços em massa, como alimentos, bebidas, cosméticos em geral, e sempre com um apelo para estabelecer imagem de marca superior. Trata-se de um mercado em constante mudança, com clientes cada vez mais exigentes. Depende de muita propaganda, embalagens adequadas para os produtos, com disponibilização nos canais adequados.

3.10.2 Mercado organizacional

O mercado organizacional é formado pelas empresas que adquirem bens e serviços, para uso na produção de outros produtos ou serviços, posteriormente vendidos, alugados ou fornecidos a terceiros.

A agricultura, a pesca, a extração de minérios, a indústria de forma geral, a construção, os transportes, as comunicações, os serviços públicos, os setores bancário, financeiro e de seguros são os principais ramos desse mercado.

A força de vendas tem papel mais importante nesse mercado do que a própria força de propaganda, em razão da importância dos itens preço e reputação das empresas quanto à confiabilidade e qualidade.

3.10.3 Mercado global

Desafios estratégicos norteiam empresas que pretendem entrar em novos mercados. A concorrência mundial exige qualidade técnica, preços baixos e prazo curto. Em que país entrar, como entrar, seja como exportador, franquia, *joint venture*, ou até como fabricante autônomo. Essas empresas têm de adaptar as características de seus produtos a cada país, como formas, preços etc. As culturas são diferentes em cada país, e essa customização pode ser o diferencial de mercado. Outras questões ligadas a línguas, sistemas jurídicos e políticos, valores morais e éticos também são de extrema importância nesse mercado.

3.10.4 Mercado sem fins lucrativos (Terceiro Setor e governamental)

Para vender seus produtos a organizações sem fins lucrativos, como igrejas, fundações, instituições de caridade ou órgãos públicos, as empresas devem determinar seus preços com segurança, em virtude do poder de compra limitado dessas instituições. Os preços mais baixos podem interferir na qualidade e nas características que o fornecedor pode incluir em seus produtos e serviços.

Além de todos esses ingredientes, a proposta que apresenta o menor preço na ausência de fatores que justifiquem um preço mais elevado será a vencedora.

Segmentação e Posicionamento de Mercado

3.11 Marketing de segmento

Grande número de consumidores com as mesmas preferências forma o que chamamos de segmento. Diversas pessoas consomem aparelhos de videogames e jogos. Dizemos que este é um segmento de mercado.

Precisamos, contudo, nos precaver para identificar um segmento e não confundi-lo com um setor. Por exemplo, se identificarmos pessoas das classes C e D que compram jogos e *games* e formos desenvolver um produto para uma dessas classes, encontraremos diversidades no gosto, a exemplo de consumidores de carro. Alguns irão procurar um carro prático; outros, um carro luxuoso; e ainda há aqueles que procuram um carro para levar seus filhos à escola.

Os profissionais de marketing se preocupam em identificar e distinguir os segmentos para se especializarem em um deles. No marketing de segmento, a empresa pode fazer planejamentos, definir preços, além de divulgar e fornecer seu produto ou serviço a esse mercado.

3.12 Marketing de nicho

O marketing de nicho busca um mercado mais específico, com foco muito mais voltado ao seu público-alvo. Busca-se com essa estratégia direcionar os esforços de forma muito mais eficiente e direta, principalmente quando há espaço para crescimento desse mercado.

O profissional de marketing deve, nesse caso, identificar claramente o nicho, classificando-o em segmento. Podemos citar como exemplo o segmento de fumantes, que inclui aqueles que estão tentando parar de fumar e outros que não têm essa preocupação. Logo, a estratégia de marketing a se utilizar será customizada (adequada) a cada nicho.

Quando os clientes possuem necessidades distintas e concordam em pagar o preço, mesmo que seja mais alto que os demais, à empresa que mais bem atendê-lo, dizemos em marketing que temos um nicho atraente.

3.13 Marketing local

Essa modalidade de marketing aborda os desejos e as necessidades de grupos de clientes locais, sejam eles comércio, bairros, lojas etc.

O marketing local constitui-se em grande parte do marketing experimental, o qual busca promover um produto e/ou serviço não só comunicando seus atributos, como também o relacionando com experiências direcionadas. Assim Kotler (2013) define o marketing experimental: "a ideia não é vender algo, mas demonstrar como a marca pode enriquecer a vida do cliente".

Os defensores dessa modalidade de marketing entendem que a propaganda em nível nacional representa desperdício, pois não é focada; assim, não atende às necessidades locais.

Já aqueles que são contrários a essa estratégia defendem que o marketing local onera os processos de produção, prejudicando a economia de escala. Isto posto, poderia gerar problemas logísticos e, inclusive, enfraquecer a marca, pelo fato de os produtos e serviços serem diferentes em cada localidade.

Podemos citar como exemplo de marketing local quando uma marca esportiva patrocina times escolares de bairro, fornecendo calçados, equipamentos etc. Esse tipo de estratégia é focada nos consumidores locais.

3.14 Os 4 Ps de marketing

A soma de elementos variáveis que compõem as atividades de marketing denomina-se *marketing mix*, o qual é considerado base fundamental para o marketing tático e operacional.

McCarthy (1997) definiu os quatro principais grupos de atividades que representariam os itens do *marketing mix* e os separou em:

- ‣ *Product* (Produto).
- ‣ *Price* (Preço).
- ‣ *Promotion* (Promoção).
- ‣ *Place* (Praça).

Conhecemos esse trabalho como "os 4 Ps do marketing". Cada país buscou sua tradução e, no Brasil, as atividades passaram a ser: produto, preço, promoção e praça ou ponto de venda.

Kotler (2013) define o composto de marketing como "o conjunto de ferramentas que a empresa usa para atingir seus objetivos de marketing no mercado-alvo".

3.14.1 Produto

Muitos produtos perduram por muitos anos no mercado, rompendo fronteiras, enquanto outros não vingam e acabam por serem sucumbidos por novos gostos e necessidades dos clientes.

Os produtos passam, ainda, por adaptações, necessárias para a adequação (customização) às novas necessidades de mercado. Existem diversos tipos de adaptação, como:

- ‣ produção de versão regional do produto;
- ‣ produção de versão do produto por país;

▸ produção de versão municipal do produto;

▸ produção de diferentes versões para revendedores do produto.

O primeiro P busca, portanto, a estratégia necessária para administrar produtos que tiveram sucesso por algum tempo, mas que devem ser retirados do mercado, seja para adicionar novos ao portfólio ou até mesmo manter alguns deles com uma nova roupagem ou funcionalidade.

3.14.2 Preço

Na economia globalizada, a concorrência está cada vez mais acirrada e a estratégia de marketing necessária para atingir os objetivos da organização passa pela flexibilidade de preço. Promoções e descontos devem permear essas ações ligadas ao preço. Empresas multinacionais, por exemplo, encontram sérias dificuldades quando vendem produtos para mercados internacionais.

Elas esbarram nos gostos, preferências e culturas locais, além das frequentes práticas de *dumping* e do mercado paralelo.

Segundo Kotler (2013), "as empresas têm três opções para estabelecer preços em diferentes países: a) estabelecer um preço uniforme em todos os países; b) estabelecer em cada país um preço baseado no mercado; c) estabelecer um preço com base nos custos de cada país".

3.14.3 Praça

Praça, ponto de venda ou canal de distribuição pode ser entendida como uma rede organizada de órgãos e instituições que buscam realizar as funções necessárias para ligar os fabricantes aos usuários finais. A distribuição em marketing significa disponibilizar o produto ou serviço ao cliente da forma mais fácil e conveniente para ser adquirido.

Muitos fabricantes podem achar que o trabalho está encerrado quando o produto sai da fábrica, contudo, é de extrema importância a definição dos canais e dos meios pelos quais os produtos serão transportados do produtor para o consumidor, bem como os locais de compra desses produtos ou mercadorias. Esse produto, ao preço que o cliente está disposto a pagar, deve estar acessível a ele para a compra, no momento em que desejar.

Essas decisões de canais de distribuição podem interferir nas outras decisões da empresa, podendo, inclusive, ser seu maior diferencial competitivo. Apesar de ser tão importante, ainda é um tema que pouco interessa se comparado aos demais Ps do marketing.

3.14.4 Promoção

As palavras "promoção" e "propaganda" costumam ser confundidas com o próprio conceito de marketing, mas, na verdade, são apenas alguns de seus componentes, embora sejam de extrema importância para as estratégias da organização, uma vez que envolvem a divulgação da marca, da empresa ou dos produtos e serviços. Podemos citar como exemplos:

» propaganda (divulgação paga);

» publicidade (divulgação gratuita);

» *lobby*;

» promoção de vendas;

» assessoria de imprensa;

» relações públicas, entre outros.

Estratégias promocionais devem englobar uma campanha coordenada, contemplando métodos individuais, como publicidade, venda pessoal e promoção de vendas.

Não podemos esquecer que os 4 Ps estão interligados, já que decisões em uma área afetam ações a outra, consideravelmente. Estratégias agressivas de preços, por exemplo, podem afetar a campanha promocional, bem como características do produto.

Cada um dos 4 Ps de marketing possui muitas alternativas para a definição das estratégias da empresa. Produtos colocados no mercado, por exemplo, podem estar relacionados entre si ou não. Eles podem ser distribuídos pelos atacadistas, para varejistas ou até mesmo diretamente para o consumidor final.

A conclusão a que podemos chegar é que, entre as diversas alternativas, a administração deve selecionar uma combinação de fatores que irão satisfazer os mercados-alvo e os objetivos de marketing e da organização.

3.15 Visão humanizada entre marketing e negócios

No mundo dos negócios, torna-se cada vez mais imprescindível que você conheça o seu público-alvo, saiba onde ele se encontra, quanto ele estaria disposto a desembolsar por um produto ou serviço e entenda que, mesmo no mundo dos negócios, pessoas querem se relacionar com pessoas. Essa postura está relacionada a uma gestão humanizada entre marketing e negócios, denominada H2H – *Human to Human*.

O tratamento com o cliente no H2H é individualizado, com foco em suas necessidades e desejos de consumo, demandas e expectativas. Com o passar do tempo, ocorreu um desgaste entre o marketing de consumo e o consumidor, que atualmente não busca somente um produto ou serviço, mas, sim, a felicidade e o bom atendimento.

Segmentação e Posicionamento de Mercado

A estratégia no H2H não se concentra mais no consumo de maneira isolada, mas, sim, em serviços agregados e com maior foco no que o cliente espera do produto ou serviço. A ideia é também formar uma imagem positiva da empresa perante o cliente, demonstrando uma preocupação mais humanizada com ele.

Um bom produto ou serviço deve ser planejado e desenvolvido de acordo com as necessidades dos clientes, e não o contrário. As estratégias de marketing devem considerar que, para um produto se vender fácil sem grandes investimentos em propaganda, tem que ser um objeto de desejo do cliente. Portanto, marketing e negócios devem estar alinhados para o cliente, que é um ser humano com desejos ilimitados e recursos escassos.

Acompanhe na *Web*

Segundo Kotler (2013), em palestra para a revista *HSM Management* sobre uma visão humanizada do marketing e os negócios:

> O desafio de fazer mais com menos é compartilhado em qualquer área ou segmento. Kotler defende um novo patamar no mundo dos negócios: o Marketing 3.0, no qual as companhias realmente compreendem seus clientes e partilham dos mesmos valores.

Leia em: <https://goo.gl/Z8rksf>. Acesso em: 13 mar. 2018.

Para refletir

1. O que é segmentação de mercado?
2. A segmentação pode alavancar as vendas das empresas?
3. Como fazer para identificar as necessidades dos clientes de forma a desenvolver produtos e serviços customizados?
4. O que é um mercado-alvo? Qual é a sua importância para as estratégias das empresas?
5. Quais são as principais características consideradas para se segmentar um mercado?
6. Como funcionam, na prática, os canais de marketing?

Capítulo 4

Relação com o Cliente Consumidor

Este capítulo tem por objetivo analisar o comportamento do consumidor durante o processo de compra e apresentar algumas ferramentas utilizadas pelo marketing para estimular o consumo.

Trataremos mais especificamente dos assuntos citados a seguir:

- categorias de consumidor;
- papéis do cliente;
- fatores de influência do comportamento de compra;
- processo de decisão de compra;
- educação para o consumo;
- pós-venda, retenção e fidelização de clientes.

Ao finalizar este capítulo, esperamos que você seja capaz de:

- compreender os fatores que influenciam o consumidor no processo de compras;
- identificar quais são os papéis dos clientes no ato das compras;
- entender como funciona o processo de decisão de compras;
- conhecer as orientações básicas para o consumo;
- entender as técnicas de retenção e fidelização de clientes.

4.1 Introdução

Nos últimos anos, temos verificado diversas mudanças no comportamento de compra dos consumidores. O faturamento com vendas virtuais de bens de consumo cresceu 25% em 2015.

As compras pela internet, por exemplo, foram as principais responsáveis pela mudança nos hábitos de consumo, em virtude da mescla de lojas físicas às virtuais na hora da compra. Isso faz com que o consumidor consulte diversos canais antes de comprar.

A confiabilidade nas lojas virtuais também aumentou. Os varejistas estão diante de um dilema, que é de se adaptar a essa nova realidade de consumo ou se fecharem às mudanças e serem fadados ao insucesso. Novas ferramentas de marketing e o estudo do comportamento do consumidor devem nortear as ações comerciais.

4.2 Categorias de consumidores

Nos últimos anos, temos percebido cada vez mais o acesso das classes C e D aos bens de consumo por causa do aumento do poder aquisitivo da população. Tal contexto altera a forma como as empresas ofertam seus produtos, precisando se adequar a esses novos perfis de consumidores, uma vez que o comportamento de cada grupo possui forte impacto nas relações comerciais.

FIGURA 4.1: Aumento do poder de compra das classes C e D.

4.2.1 Papéis do cliente

Além de conhecer os fatores que influenciam o comportamento de compra e como ocorre o fluxo do processo de compras, é importante saber que existem diferentes papéis assumidos pelos clientes durante a realização de uma compra.

As palavras "cliente" e "consumidor" são constantemente utilizadas como sinônimas, no entanto, elas possuem significados e objetivos diferentes. Veja alguns exemplos:

- **Cliente** pode ser entendido como aquele que decide pela compra do produto ou serviço; caracteriza-se pela habitualidade de comprar em uma mesma empresa. É o antigo freguês: aquele que compra, volta e, ainda, recomenda o produto ou a empresa.

- **Consumidor** é aquele que usufrui do produto ou do serviço comprado, adquire bens sem estabelecer um vínculo comercial a longo prazo com a empresa, restringindo-se ao atendimento das suas necessidades no momento da compra.

Assim, é necessário conhecer como é estruturada a cadeia do cliente, pois a equipe de marketing precisa saber quais esforços são importantes e que devem ser desenvolvidos para cada um dos clientes, de acordo com seus papéis desempenhados durante o processo de compra, que são: iniciador, influenciador, decisor, comprador e usuário final. Em alguns casos, cada um dos papéis é exercido por pessoas diferentes; em outros casos, todos os papéis são exercidos pela mesma pessoa. A separação dos papéis a serem apresentados tem como objetivo facilitar a compreensão dessa classificação.

Vamos conhecer como funciona cada um desses papéis:

- **Iniciador:** pode ser qualquer um de nós, que inicia a compra ou qualquer estímulo recebido para gerar o interesse por uma aquisição.

- **Influenciador:** aquele que influencia o processo da compra, por meio de opiniões, avaliações e sugestões sobre o ato de comprar ou não.

- **Decisor:** aquele que decide se a compra será realizada ou não.

- **Comprador:** quem faz a compra propriamente dita.

- **Usuário final:** pessoa que utilizará o produto comprado. Em alguns casos, pode não desempenhar nenhum dos papéis anteriores.

O mercado organizacional (também chamado de mercado empresarial ou industrial) é constituído por todas as empresas, públicas e privadas, com fins lucrativos ou não. Você saberia dizer o que o mercado organizacional teria de diferente?

Vamos exemplificar um caso para que fique mais clara essa distinção de papéis no processo de uma compra. Em uma empresa de grande porte, é provável que as compras ocorram de acordo com as seguintes participações:

- **Iniciador:** o responsável pelo almoxarifado identifica a falta de um produto no estoque e solicita à área de compra uma nova aquisição.
- **Comprador:** antes de realizar a compra propriamente dita, percebe que no mercado existem diferentes ofertas do produto a ser comprado. Solicita, então, algumas amostras aos fornecedores.
- **Influenciador:** a equipe técnica da empresa analisará as amostras e sugerirá a melhor opção a ser comprada.
- **Decisor:** nessa empresa, pode ser que o influenciador seja o próprio decisor, ou que a decisão efetiva da compra seja definida pelo profissional da área financeira.
- **Comprador:** uma vez decidido qual produto será comprado, o comprador entra em contato com o fornecedor e confirma a compra.

Algumas empresas mudaram completamente seu processo comercial e de produção a partir da revisão de sua cadeia de cliente. Por exemplo: por muitos anos, as empresas que fabricavam injeção de insulina sempre tiveram como foco o cliente médico, porém, quem, de fato, utiliza a injeção é o cliente final (paciente). A Nordisk, percebendo o erro do foco da cadeia de clientes, desenvolveu um modelo que facilitasse a sua autoaplicação (KIM; MAUBORNGE, 2005).

4.2.2 Fatores de influência do comportamento de compra

Como vimos anteriormente, o processo de compras é influenciado diretamente pelos diferentes perfis de clientes, que, por sua vez, são influenciados por fatores culturais, sociais, pessoais e psicológicos.

FIGURA 4.2: O que influencia cada consumidor?

Veremos, a seguir, como cada um desses fatores influencia o comportamento dos consumidores.

4.2.2.1 Fatores culturais

Fatores culturais são considerados os aspectos de maior impacto sobre o comportamento dos consumidores e estão divididos em três grupos de análise: cultura, subcultura e classe social.

Uma criança é influenciada por educação, valores e orientações recebidas dentro da sua família e do país em que vive. Uma criança que nasceu na Alemanha recebe influências diferentes daquela que nasceu no Japão, pois a cultura determina o comportamento e os desejos de uma pessoa.

E, em cada cultura, existem diferentes subculturas que especificam ainda mais seus comportamentos, necessidades e desejos, por exemplo:

- **Nacionalidades:** brasileiro, japonês, africano, inglês.
- **Regionalidades:** festas típicas, comidas, costumes regionais.
- **Religiões:** católica, evangélica, muçulmana, judia, budista, espírita.
- **Etnias:** indígenas, brancos, negros, orientais.
- **Distinções geográficas:** regiões serranas, litorâneas, interioranas.

FIGURA 4.3: Fatores culturais e a influência no consumo.

Agora, pense bem e responda: como esses itens influenciam o mercado de consumo?

Cada uma dessas subculturas possui particularidades que possibilitam à empresa a análise do mercado-alvo, a comunicação eficiente com seus consumidores, a criação de verdadeiros nichos de mercado e produtos específicos para atender a expectativas e desejos de consumo das pessoas pertencentes a esses grupos.

4.2.2.2 Fatores sociais

Os fatores sociais são caracterizados por grupos de referência, família, papéis sociais e *status*, que influenciam no comportamento, nas atitudes e na forma dos produtos, por exemplo:

FIGURA 4.4: Influência dos grupos sociais no consumo.

- **Grupos de referência** são aqueles que exercem influência direta ou indireta sobre o consumidor. Os principais grupos são: família, amigos, vizinhos, colegas, grupos religiosos e profissionais, associações de classe, líderes de opinião etc.
- A **família** é considerada a organização de maior importância na sociedade atual e o primeiro influenciador em nossa vida.
- **Papéis** e *status* são elementos essenciais em diferentes grupos sociais, pois, em cada um deles, desempenhamos diferentes papéis que nos posicionam em um determinado *status*. Por exemplo: o presidente de um clube de futebol desempenha um papel com mais responsabilidades e *status* que o gerente do clube.

4.2.2.3 Fatores pessoais

O consumo também é afetado por características pessoais, como idade e estágio no ciclo de vida, ocupação, circunstâncias econômicas, personalidade, autoimagem, estilo de vida e valores. Vejamos alguns exemplos:

FIGURA 4.5: Características pessoais e o consumo.

- **Idade** e **estágio no ciclo de vida** afetam diretamente a escolha de compras das pessoas, pois as necessidades de uma pessoa adulta são diferentes das de crianças e adolescentes.
- **Ocupação** e **circunstâncias econômicas** também determinam o padrão e os produtos de consumo. Por exemplo: uma personalidade da área artística usará roupas de grife e frequentará lugares badalados.
- **Estilo de vida** e **valores** têm uma relação direta com o padrão de vida do consumidor, pois as pessoas podem pertencer a uma mesma subcultura, classe social e ocupação, mas terem estilos de vida e valores diferentes, que são demonstrados pelas atividades exercidas, interesses e opiniões de cada pessoa;
- **Personalidade** e **autoimagem** são diretivas para a escolha de marcas e produtos pelo consumidor, pois é constituída pela sua reação aos estímulos externos e internos. Muitas vezes, a escolha da marca tem relação direta com a personalidade do consumidor.

4.2.2.4 Fatores psicológicos

Os fatores culturais, sociais e pessoais são mais fáceis de serem identificados do que os fatores psicológicos, que também afetam o consumo. Abordaremos três fatores psicológicos: a motivação, a percepção e as atitudes.

FIGURA 4.7: Fatores psicológicos ligados ao cotidiano influenciam na compra.

- **Motivação** é o impulso interior para atender a necessidades (CHURCHILL, 2014, p. 150). Os profissionais de marketing precisam saber o que motiva as pessoas a fazerem o que fazem, para que possam atender às suas necessidades e aos seus desejos.

- **Percepção** é o processo pelo qual uma pessoa reconhece, seleciona, organiza e interpreta as informações recebidas do ambiente por meio dos sentidos (CROCCO, 2013, p. 41). As propagandas exploram bastante nossos sentidos para despertar nossa percepção, com músicas e imagens impactantes que aguçam nossa curiosidade, paladar, apetite e desejo.

- **Atitude** é a avaliação geral de um consumidor a respeito de um objeto, comportamento ou conceito. O modo como os consumidores satisfazem suas necessidades depende de suas atitudes em relação às diversas alternativas, como a compra de legumes frescos em vez dos congelados (CHURCHILL, 2014, p. 153-154).

Você sabia?

Dissonância cognitiva é o desconforto psicológico que uma pessoa vivencia quando ocorre uma discordância dos valores em relação a uma prática exercida.

4.3 Processo de decisão de compra

Podemos analisar o processo de compra partindo da percepção de cinco fases: identificação do problema, busca de informações, avaliação de alternativas, decisão de compra e comportamento pós-compra.

FIGURA 4.8: Uma decisão de compra tem que gerar satisfação no cliente.

Os profissionais da área de marketing entendem que o processo de compra inicia antes da própria compra e vai além do pagamento pelo produto, sendo necessário identificar as necessidades e as características de cada uma dessas fases para que possam ser devidamente atendidas. Vamos conhecer como cada fase é constituída?

4.3.1 Identificação do problema

Esta é a fase inicial de um processo de compra, quando a pessoa, ao sentir uma necessidade ou desejo, identifica a compra. Ela pode ser impulsionada à compra por fatores internos (quer comprar um livro de comida vegetariana para aprender a fazer pratos diferenciados) ou fatores externos (comprará um livro de literatura porque a escola solicitou). Esse desejo ou necessidade pode ocorrer em função de um estímulo realizado por uma campanha publicitária, pela percepção que outros consumidores têm em relação a esses produtos diferenciados, ou mesmo para atender a uma demanda pessoal de consumo.

FIGURA 4.9: O cliente deve ser impulsionado a comprar.

4.3.2 Busca de informações

A pessoa interessada em realizar uma compra tende a buscar informações sobre os produtos que deseja adquirir. As principais fontes de informação são:

- **pessoais:** amigos, família e pessoas conhecidas;

- **comerciais:** propagandas, vendedores, representantes, própria embalagem do produto e amostras;

- **públicas:** jornais, revistas e outros meios de comunicação em massa;

- **manuseio:** experimentação do produto.

4.3.3 Avaliação de alternativas

Processo utilizado pelo consumidor, no qual ele avalia e julga quais produtos e fornecedores pesquisados atendem melhor às suas expectativas. As principais variáveis utilizadas nessa análise são: características do produto ou serviço que será adquirido, prazo de entrega (disponibilidade do produto), preço, assistência técnica, embalagem, facilidade de acesso ao produto, relação entre o custo e benefício, entre outras.

Veja que, quando você for comprar um carro, todas essas variáveis farão parte da sua avaliação.

4.3.4 Decisão de compra

Após o comprador ter identificado um problema, buscado as informações e realizado algumas avaliações, estará preparado para realizar a compra, que ainda é composta por cinco decisões:

- Qual marca devo escolher das que foram avaliadas?
- De quem devo comprar?
- Em qual quantidade?
- Para quando?
- Como será realizado o pagamento?

Enquanto analisa as respostas para cada uma dessas questões, o comprador ainda receberá influências dos diferentes fornecedores. Alguns deles estimularão a compra por diferentes marcas, pela disponibilidade, ou não, dos produtos a serem entregues, pelas diferenças nas formas de atendimento e nas possíveis formas de pagamento. E cabe ao consumidor definir qual é a sua prioridade e avaliar qual produto realmente deve comprar.

4.3.5 Educação para o consumo

Como vimos no início deste capítulo, uma das principais categorias de consumidores é formada pelos jovens. De modo geral, as pessoas querem ser jovens, pois juventude significa aparentar maior disposição, diversão, beleza e saúde. A valorização da juventude e as novas gerações têm alterado a forma de consumo e as estratégias de marketing, uma vez que a juventude atual utiliza uma nova linguagem e novos comportamentos nunca vistos antes.

Alguns autores classificam os consumidores em função das suas gerações, mostradas a seguir:

Baby Boomer
Nascidos depois da Segunda Guerra Mundial, promoveram a base das grandes mudanças da atual sociedade, iniciaram o movimento *hippie* (cujo lema era paz e amor) e buscaram viver os momentos máximos da juventude.

Geração X
Nascidos entre 1960 e 1970, usufruíram os direitos adquiridos dos *baby boomers*. O foco passou a ser a busca pela individualidade, pelo viver intensamente cada momento e pela valorização dos estereótipos. Fortemente influenciados pelas propagandas e pelo marketing, ficaram conhecidos como juventude competitiva.

Geração Y
Nascidos na década de 1980, muitos brincaram com Lego® e PlayStation®, presenciaram a popularização de computadores domésticos e CDs. Viveram o surgimento da internet como a usufruímos hoje, tiveram acesso a TV, a programações transmitidas por satélites e notebooks. É bem provável que não entendam como a sociedade vivia sem os recursos tecnológicos atuais.

Geração Z
Também conhecida como Millenials, nasceram entre 1990 e 2010. Eles convivem em um mundo em que não existem barreiras geográficas e temporais, circulando pelo mundo e trocando informações virtualmente em um mundo globalizado e com diferentes culturas. Essa geração passa a produzir conteúdo e divulgá-lo pela internet em uma dimensão nunca vivenciada pela humanidade.

FIGURA 4.10: Gerações com novos paradigmas: desafio para a área comercial.

Relação com o Cliente Consumidor

Se pensarmos nos jovens de hoje, muitas vezes, eles possuem um poder de compra maior que seus pais, principalmente por causa da melhoria das condições socioeconômicas da população. Esses jovens são mais consumistas e sofrem se não consumirem. Alguns chegam a ter doenças relacionadas ao consumo, pois não conseguem se controlar diante de tantos estímulos que recebem.

4.3.6 Pós-venda e retenção de clientes

Pós-venda pode ser definida como a relação existente entre vendedores e compradores, a qual ocorre após a aquisição de um produto ou serviço. Essa importante etapa do processo de venda tem como principal objetivo melhorar a experiência e aumentar os níveis de retenção dos clientes.

Muitas empresas, em busca da retenção de seus clientes, estão criando departamentos focados em "cuidar" desses consumidores. São muitos os nomes atribuídos a esses departamentos, como Gestão de Relacionamento, Retenção e Fidelização, Gestão de Clientes etc.

Ainda ocorrem muitos erros estratégicos na execução dos trabalhos de retenção. As empresas, via de regra, buscam conceder descontos quando o cliente chega ao extremo de querer cancelar um serviço ou uma compra de produto. Deveriam focar em ter preços, qualidade e demais condições mais atraentes o tempo todo. A médio e longo prazos, as empresas deveriam rever seu modelo de negócio, missão, visão e valores empresariais que estão dispostos a praticar no mercado.

Para tanto, deveriam analisar de forma ativa e transparente o comportamento do consumidor e seu perfil, bem como a adequação do produto consumido ao perfil do cliente.

Não é possível reter clientes se eles não se sentirem plenamente satisfeitos. Esse também é o primeiro passo para algo maior: gestão de clientes eficaz, focada em estratégias de relacionamento e fidelização.

4.3.7 Fidelização de clientes

A busca da fidelização de clientes pelas empresas busca responder a algumas indagações pertinentes ao processo. Será que todo cliente satisfeito será fiel à marca ou produto?

Em uma transação comercial, todo cliente espera sair satisfeito. Ele espera que a empresa com que ele negociou também se empenhe em buscar sua satisfação. O cliente, muitas vezes, espera ser encantado. Um cliente satisfeito pode continuar comprando daquela marca ou empresa (retenção), mas não necessariamente será fiel.

Citamos a seguir alguns dos principais motivos de satisfação dos clientes:

- qualidade nos produtos, serviços e atendimento;
- preço competitivo;
- formas facilitadas de pagamento;
- pontualidade nas entregas;
- disponibilidade de produtos/serviços;
- promoções;
- conveniência para a compra.

As empresas que pretendem fidelizar seus clientes têm que buscar superar as expectativas de seus clientes, de forma a fazer com que ele queira comprar seu produto e serviço, sem trocar de fornecedor. O cliente que tem uma expectativa superada sente-se importante para aquela empresa; é a emoção do processo de compra e venda. Quando o cliente se sente valorizado e tem seus anseios atendidos, há grande chance de se tornar exclusivo, ou seja, fiel.

A expectativa do cliente, contudo, não é estática. Com o passar dos tempos, os clientes têm outras necessidades e anseios, os quais devem ser atendidos por seus fornecedores. Pensem vocês, se as empresas não criassem um produto alternativo à máquina de escrever – no caso, o computador? O cliente teria uma necessidade a qual não seria atendida, deixando-o insatisfeito. Uma empresa oferece serviço de frete grátis; e a outra, não. Ou mesmo se uma delas demora 3 dias para a entrega e a outra demora 30 dias. A qual empresa o cliente estaria propenso a ser fiel?

Os clientes sempre confiam e são fiéis às empresas que os respeitam, os ouve e os encanta. É preciso lembrar, todavia, que os clientes precisam ser identificados, porque não se estabelece uma relação com quem não se conhece e não sabe de suas necessidades e seus desejos. Com essas repostas em mãos, a empresa terá um importante diferencial perante a concorrência, na busca da fidelização de seus clientes. Poderá criar programas de fidelidade a esses clientes, de forma a aumentar suas vendas por meio de uma negociação ganha-ganha. A empresa vende mais, e o cliente tem seu ganho também por ser fiel à organização.

Acompanhe na Web

As necessidades de compra normalmente são as **básicas** (alimentos, higiene), as **imediatas** (um guarda-chuva em dia de tempestade) e as **criadas**, aquelas que necessitam das estratégias de marketing para impulsionar o cliente a consumir.

Leia em: <www.sebrae.com.br/sites/PortalSebrae/artigos/o-sucesso-nas-vendas-depende-de-bom-atendimento,28e3438af1c92410VgnVCM100000b272010aRCRD>. Acesso em: 26 fev. 2018.

Capítulo 5

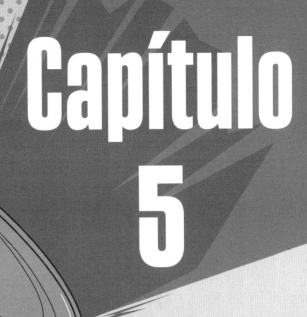

Princípios Éticos nas Vendas

Este capítulo tem por objetivo apresentar o conceito de ética nas organizações e sua importância, bem como sua ligação com os principais aspectos do Código de Defesa do Consumidor (CDC), para atender ao cliente de modo satisfatório.

Trataremos mais especificamente dos assuntos citados a seguir:

- conceituação de ética;
- objetivos do CDC;
- as bases legais do CDC e os direitos básicos do consumidor;
- meios de defesa do consumidor;
- estratégia para o profissional de marketing frente ao CDC;
- CDC: diferenças entre as compras na internet e nas lojas físicas.

Ao finalizar este capítulo, esperamos que você seja capaz de:

- entender a importância da ética no processo de vendas;
- entender os princípios básicos e a base legal do Código de Defesa do Consumidor;
- saber quais são os meios de defesa do consumidor;
- identificar as principais ações do marketing.

5.1 Conceituação

O conceito de ética surgiu do grego *ethos* e quer dizer caráter, comportamento da sociedade e do ser humano. Nos primórdios da humanidade, filósofos, como Aristóteles e Demócrito, tratavam a ética como meio de buscar a felicidade da vida.

A religião oficial passou a ser guiada pelo Cristianismo no Ocidente e, com isso, a ética passou a ser interpretada a partir dos mandamentos da igreja católica.

Os conceitos éticos trilham na direção de julgar o comportamento humano, avaliando o que é certo e errado, justo e injusto, ou seja, ético e não ético. As escolhas do homem traduzem se seu comportamento é ético ou não. Quando ele busca a verdade, a integridade, quando faz as opções pensando no bem coletivo, na justiça. A ética é parte integrante do quebra-cabeças empresarial que sustenta a relação no mercado corporativo.

FIGURA 5.1: Pilares éticos do mercado corporativo.

O estudo da ética se expandiu além da filosofia. Atualmente, os profissionais das mais diversas áreas e campos de atuação se dedicam a ela. É importante lembrar que, em virtude de sua importância no convívio em sociedade, cada profissão possui o seu código de ética.

Entre outras funções importantes, a ética, principalmente, busca manter a ordem social. A ética está muito próxima das leis que regem um país e, embora não haja ligação direta entre elas, ambas são pautadas nos valores e princípios morais da sociedade moderna. A criação dos códigos de ética tem por objetivo proteger a sociedade das injustiças e do desrespeito tanto no ambiente familiar quanto no profissional.

5.2 Código de ética nas negociações

Além de cumprir as exigências previstas no Código de Defesa do Consumidor, as negociações devem ser éticas e favoráveis a todas as partes interessadas. Para isso, recomenda-se que essas negociações sejam baseadas nos princípios de uma relação ganha-ganha – isto é, uma relação em que todas as partes saem satisfeitas do processo de negociação e com o resultado final.

Lembre-se de que uma boa negociação é aquela que satisfaz aos interesses de todos os lados, pois, a partir do momento que existe interesse e boa-fé, é possível encontrar alternativas de ganhos comuns, pois os negociadores não são inimigos, mas, sim, solucionadores de problemas.

Neste sentido, tenha muito claros os seguintes itens, que são considerados o alicerce para a prática de uma conduta ética nas negociações:

- ▸▸ ambas as partes buscam que seus interesses sejam atendidos, de acordo com suas expectativas;
- ▸▸ as soluções devem ser benéficas a curto, médio e longo prazo;
- ▸▸ construção de relações duradouras que possibilitam a ampliação e a manutenção de negócios;
- ▸▸ é necessário ter comprometimento e honestidade nas relações;
- ▸▸ não foque apenas na sua posição e no seu desejo, mas também nas necessidades de todas as partes envolvidas. Evite manifestar posições pessoais em uma negociação, o assunto é profissional e deve ser tratado como tal;
- ▸▸ se a negociação ficar conflituosa, solicite apoio a um mediador;
- ▸▸ conheça todos os aspectos legais que envolvem o tipo de negociação que irá realizar;
- ▸▸ cumpra todos os acordos negociados e aceitos;
- ▸▸ negociar com ética é o melhor caminho para o negociador e o consumidor. Essa é a regra do jogo, trate o outro como gostaria de ser tratado. Faça com que suas relações sejam humanas e, assim, o retorno sempre virá do esforço realizado.

5.3 Código de Defesa do Consumidor (CDC)

O CDC foi uma estratégia utilizada para valorizar e proteger o consumidor, pois ele tem o direito e o poder de efetuar as compras sob condições verdadeiras, transparentes e éticas. A decisão do consumidor desencadeia todo o processo produtivo desde a compra de matéria-prima até a oferta dos produtos ao mercado, gerando a distribuição financeira entre todos os envolvidos e as riquezas nos diversos segmentos da sociedade.

O consumidor é o elemento de maior importância em todo esse processo, logo, ele precisa ser beneficiado e protegido nesta relação, seja quanto à qualidade, quantidade, variedade, garantia, assistência técnica, entre outros aspectos. O consumidor tem direitos assegurados.

FIGURA 5.2: Proteção ao consumidor.

Vale lembrar que a relação de consumo é caracterizada pela existência de um consumidor interessado em realizar uma compra para atender à sua necessidade e de uma empresa fornecedora, interessada em vender um produto.

O CDC prevê que consumidor é toda pessoa física ou jurídica que adquire um produto como usuário final. Porém, existe uma discussão jurídica quando se trata do consumidor pessoa jurídica, pois entende-se que este encontra-se em uma relação de igualdade entre fornecedor e consumidor. Entretanto, há um consenso de que o consumidor jurídico, atendido pelo CDC, é aquele que adquiriu bens e serviços de consumo, e não bens de capital.

> **Você sabia?**
>
> **Bens de capital** referem-se à produção de máquinas e demais equipamentos necessários para a fabricação de bens industriais. Os principais setores que geram os bens de capital são de produção de máquinas e equipamentos, veículos automotores, reboques e carrocerias, máquinas, aparelhos e materiais elétricos, equipamentos de informática e de comunicação.

5.3.1 O CDC e os direitos básicos do consumidor

Para os profissionais que atuarão no marketing, é muito importante conhecer o CDC, pois ele afeta diretamente a forma como as estratégias de marketing podem ser utilizadas de forma que não prejudiquem os consumidores nem a própria empresa. As três questões fundamentais neste sentido são:

- a base legal da Constituição que proporcionou a elaboração do CDC;
- a base do pensamento que permeia todo o código;
- os direitos do consumidor.

A base legal para a elaboração do Código de Defesa do Consumidor é garantida pela Constituição Federal de 1988, conforme artigo 5º, inciso XXXII, descrito a seguir:

> Art. 5º Todos são iguais perante a lei, sem distinção de qualquer natureza, garantindo-se aos brasileiros e aos estrangeiros residentes no país a inviolabilidade do direito à vida, à liberdade, à igualdade, à segurança e à propriedade, nos termos seguintes:
>
> XXXII – todos têm direito a receber dos órgãos públicos informações de seu interesse particular, ou de interesse coletivo ou geral, que serão prestadas no prazo da lei, sob pena de responsabilidade, ressalvadas aquelas cujo sigilo seja imprescindível à segurança da sociedade e do Estado.

As bases do pensamento do CDC preveem que as relações entre as empresas e os consumidores devem ser pautadas pela:

- **boa fé e equidade:** a relação entre empresa (fornecedor) e cliente deve ser de igualdade, com atitudes verdadeiras e transparentes;

- **harmonização de interesses:** a relação entre empresa (fornecedor) e cliente deve ser compatível entre o desenvolvimento mercadológico e o atendimento das necessidades dos consumidores de forma digna, sem prejuízos à saúde e à segurança. Por exemplo, cada vez mais é exigido um selo de segurança para a produção de brinquedos, a fim de evitar que crianças corram risco de acidentes.

Os direitos básicos do consumidor, conforme previsto no artigo 6º do CDC, são:

- a proteção à vida, saúde e segurança contra os riscos provocados por práticas no fornecimento de produtos e serviços considerados perigosos ou nocivos;
- a educação e divulgação sobre o consumo adequado dos produtos e serviços, asseguradas a liberdade de escolha e a igualdade nas contratações;
- a informação adequada e clara sobre os diferentes produtos e serviços, com especificação correta de quantidade, características, composição, qualidade e preço, bem como sobre os riscos que apresentem;
- a proteção contra a publicidade enganosa e abusiva, métodos comerciais coercitivos ou desleais, bem como contra práticas e cláusulas abusivas ou impostas no fornecimento de produtos e serviços;

» a modificação das cláusulas contratuais que estabeleçam prestações desproporcionais ou sua revisão por consequência de fatos supervenientes que as tornem excessivamente onerosas;

» a efetiva prevenção e reparação de danos patrimoniais e morais, individuais, coletivos e difusos;

» o acesso aos órgãos judiciários e administrativos com vistas à prevenção ou reparação de danos patrimoniais e morais, individuais, coletivos ou difusos, assegurada a proteção jurídica, administrativa e técnica aos necessitados;

» a facilitação da defesa de seus direitos, inclusive com a inversão do ônus da prova, a seu favor, no processo civil, quando, a critério do juiz, for verossímil a alegação ou quando for ele hipossuficiente, segundo as regras ordinárias de experiências;

» a adequada e eficaz prestação dos serviços públicos em geral.

5.3.2 Meios de defesa do consumidor

Outro aspecto importante que o CDC fornece ao consumidor é o reconhecimento formal e legal de órgãos que o apoiam e defendem perante questões de consumo. É nesse sentido que o artigo 5º do CDC foi definido. Ele prevê a necessidade de o consumidor ter órgãos de apoio para que possa solicitar a aplicação prática das normas definidas pelo Código. Neste sentido, o consumidor conta com os seguintes órgãos de apoio (relação listada pelo Ministério da Justiça), que possuem estas representações estaduais:

» Comissão de Defesa do Consumidor (Câmara Federal dos Deputados e do Senado Federal);

» Defensoria Pública;

» Delegacias do Consumidor;

» entidades civis de defesa do consumidor;

» Ministério Público;

» Procon.

Para evitar que problemas com os consumidores sejam levados aos órgãos de defesa do consumidor, muitas empresas criaram, nas suas estruturas de trabalho, um departamento de ouvidoria, que é responsável por tratar de reclamações com os consumidores.

5.3.3 Estratégias de marketing e vendas frente ao CDC

Agora, veremos com maior detalhe como o CDC afeta, na prática, o uso das ferramentas do composto de marketing e quais as estratégias de marketing a serem aplicadas. Utilizaremos como referência alguns artigos do próprio CDC e, em seguida, apresentaremos comentários e análise da situação.

De acordo com o artigo 30 do CDC:

> Art. 30. Toda informação ou publicidade, suficientemente precisa, veiculada por qualquer forma ou meio de comunicação com relação a produtos e serviços oferecidos ou apresentados, obriga o fornecedor que a fizer veicular ou dela se utilizar e integra o contrato que vier a ser celebrado.

O profissional de marketing deve identificar quem é o seu público-alvo, pois todas as suas estratégias de marketing deverão atender às características deste público. Veja como isso se aplica na prática cotidiana de uma empresa:

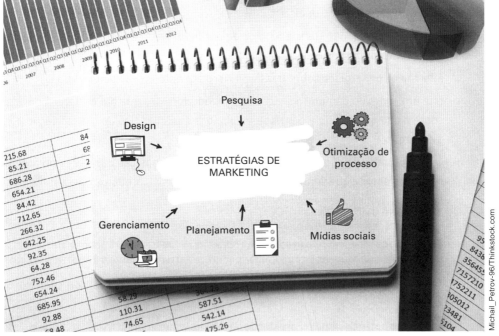

FIGURA 5.3: Estratégias de marketing e definição de público-alvo: imprescindíveis para atingir os objetivos da organização.

- Utilize recursos de comunicação que ajudem o consumidor na compra e no uso do produto.
- Seja claro, objetivo e utilize textos simples e diretos.
- Caso seja necessário fazer uma explicação técnica e mais especializada, acrescente um texto complementar que possa facilitar o entendimento do consumidor. Dessa forma, você evita que ele fique confuso.
- Se nesta relação ocorrer a emissão de um contrato, inclua todas as cláusulas que estabelecem essa relação, como objeto, indenização, rescisão, prazo de entrega, validade, forma de pagamento e foro de discussão.

O artigo 31 do CDC dispõe:

Art. 31. A oferta e apresentação de produtos ou serviços devem assegurar informa-ções corretas, claras, precisas, ostensivas e em língua portuguesa sobre suas carac-terísticas, qualidades, quantidade, composição, preço, garantia, prazos de validade e origem, entre outros dados, bem como sobre os riscos que apresentam à saúde e segurança dos consumidores.

É importante que o profissional de marketing:

» apresente todas as informações referentes aos produtos para o consumidor. Por exemplo, um alimento requer uma embalagem com a descrição sobre seus ingre-dientes, valores nutricionais etc.;

» forneça garantia, assistência técnica e possibilidade de trocar os produtos. Infor-me os procedimentos e os locais para esse suporte;

» informe o consumidor sobre possíveis riscos quanto ao uso do produto;

» crie um canal de comunicação com o consumidor para que ele esclareça dúvidas sobre o uso do produto e para que estabeleça qualquer tipo de comunicação com a empresa;

» caso o produto seja importado, defina a forma de reposição das peças ou atendi-mento ao cliente que venha a ter um problema com os produtos adquiridos.

De acordo com o artigo 35 do CDC:

Art. 35. Se o fornecedor de produtos ou serviços recusar cumprimento à oferta, apre-sentação ou publicidade, o consumidor poderá, alternativamente e à sua livre escolha:

I – exigir o cumprimento forçado da obrigação, nos termos da oferta, apresentação ou publicidade;

II – aceitar outro produto ou prestação de serviço equivalente;

III – rescindir o contrato, com direito à restituição de quantia eventualmente anteci-pada, monetariamente atualizada, e a perdas e danos.

Nesse caso, o profissional de marketing deve:

» preparar sua empresa para prestar todas as informações sobre as campanhas publicitárias;

» definir o prazo das campanhas;

» identificar a disponibilidade dos produtos no estoque para não oferecer o que não possui.

As relações de consumo estão complexas, mas elas servem para a proteção do consu-midor e da própria empresa fornecedora, pois tornam mais claras as normas de funcionamento do mercado. O CDC foi criado para facilitar as relações entre consumidor e empresa, bem como a definição dos padrões que devem ser estabelecidos em seus negócios.

Atualmente, com o advento e o crescimento do uso das redes sociais, o consumidor se tornou ativo e, quando este se encontra insatisfeito, possui em suas mãos um grande recurso para divulgar o ocorrido para seus contatos, e estes para sua rede de relacionamento. Ou seja, a informação é transmitida para um grande número de pessoas em um curto espaço de tempo.

O profissional de marketing deve estar atento a todas essas questões, de modo que as relações entre cliente e empresa permaneçam em processo contínuo de crescimento, tornando-as ainda mais sólidas e próximas.

5.3.4 CDC: diferenças entre as compras na Internet e nas lojas físicas

É muito comum as pessoas se perguntarem sobre as diferenças das compras em lojas virtuais e lojas físicas, sendo que as principais dúvidas giram em torno de preços praticados, devolução e prazos de entrega. Veja o que difere ou não em relação a esses itens.

▸▸ **Divergência de preços:** os preços praticados podem ser diferentes entre as lojas físicas e da internet? Sim, inclusive os preços podem variar até mesmo entre as lojas físicas. Tais diferenças ocorrem em função dos custos de operação de cada loja e, no caso das lojas na Internet, estas possuem custos mais acessíveis, e entre um dos fatores é o fato de possuírem menos gastos com a estocagem de produtos. As lojas devem sempre deixar clara a relação do preço ao produto e apresentar todas as suas informações específicas, como peso, marca, tamanho, características em geral etc.

▸▸ **Devolução de mercadorias:** nas lojas físicas, o consumidor tem até 7 dias para se arrepender da compra e devolver a mercadoria. Nas compras virtuais, o consumidor não precisa se justificar e explicar o motivo do seu arrependimento, enquanto nas compras presenciais ele pode devolver o produto caso este apresente defeito e de acordo com a política da loja.

▸▸ **Prazo de entrega:** sempre deve ser respeitado o que foi acordado com o cliente e, no caso das compras virtuais, prevalece o que está disponível no site. Para as entregas de compras on-line, não vale usar como desculpa de atraso uma greve ocorrida nos Correios, pois compete à empresa encontrar outra forma de entregar a mercadoria.

Acompanhe na Web

Repetição do indébito: o termo, que aparece no Código de Defesa do Consumidor, pode até parecer complicado, mas refere-se a algo simples, ou seja, o consumidor cobrado em quantia indevida tem direito a receber valor igual ao dobro do que pagou em excesso, acrescido de correção monetária e juros legais.

Leia em: <https://super.abril.com.br/blog/.../6-direitos-do-consumidor-que-vocede-veria-conhecer>. Acesso em: 8 jan. 2018.

Para refletir

1. As negociações podem ser conduzidas de quatro formas: ganha-ganha, ganha-perde, perde-ganha ou perde-perde. Sabemos que a melhor negociação sempre tem um acordo ganha-ganha, pois, dessa forma, todas as pessoas envolvidas são beneficiadas com os resultados das negociações.

   a. Quais são as implicações das negociações ganha-perde, perde-ganha ou perde-perde?

   b. Quais são as impressões e os sentimentos das pessoas que perdem em uma negociação?

   Efetue essa análise para cada tipo de negociação que envolve um perdedor.

2. Com base nas pesquisas realizadas e observação dos casos que apresentam queixas dos consumidores, analise:

   c. Quais foram os prejuízos para os consumidores?

   d. Houve dano à imagem da empresa?

   e. Quais prejuízos a empresa teve?

   f. Qual deveria ter sido a atitude da empresa para que essa situação não tivesse acontecido, isto é, para que o cliente não tivesse que recorrer ao CDC?

   g. Se você fosse contratado para fazer um trabalho nesta empresa, seja como colaborador interno ou fornecedor, o que você recomendaria para o dono desta empresa?

Capítulo 6

Logística de Distribuição de Venda

Este capítulo tem por objetivo conceituar a importância da Logística no processo de vendas.

Trataremos mais especificamente os assuntos citados a seguir:

- atividades primárias e de apoio na logística;
- classificação da logística;
- a logística integrada: do planejamento à distribuição;
- a logística do processo produtivo;
- produtividade e pacote de valor;
- estratégia e critérios competitivos.

Ao finalizar este capítulo, esperamos que você seja capaz de:

- compreender o conceito, a importância e a evolução histórica da logística;
- relacionar quais são as atividades primárias e as de apoio na logística;
- relacionar as diferenças entre logística de entrada, produção e saída;
- diferenciar os principais elementos da cadeia integrada de abastecimento (planejamento, pedido, compra, produção e distribuição);
- compreender a relevância de operações e serviços para uma empresa, incluindo seus conceitos básicos.

6.1 Conceituação e histórico da Logística

Vamos dar início aos nossos estudos, começando com a seguinte pergunta: você sabe para que serve a Logística?

É comum, em um primeiro momento, pensar que a Logística está apenas relacionada ao transporte ou entrega de determinado produto. Mas essa é uma imagem bem simplificada desse conceito.

Porém, antes de avançarmos na resposta a essa pergunta, vamos conhecer a evolução histórica da Logística. Assim, passo a passo, conseguiremos entender melhor a abrangência do conceito.

O termo "logística" foi utilizado pela primeira vez na primeira metade do Século XX, para se referir ao abastecimento dos mantimentos necessários à sobrevivência dos soldados durante a Primeira e a Segunda Guerra Mundial.

Os militares, muitas vezes isolados em locais muito distantes, precisavam de mantimentos para sua sobrevivência e tudo o mais que era necessário para a manutenção das tropas. Algumas perguntas precisavam ser respondidas nesse momento de dificuldade: Como fazer um transporte eficiente e eficaz desses itens? Como armazená-los corretamente? Essas eram algumas das principais questões para o sucesso da operação de guerra.

FIGURA 6.1: Logística na guerra.

Na segunda metade do Século XX, a partir dos anos 1950, as atividades relacionadas ao transporte e ao estoque de produtos nas grandes empresas começaram a ganhar importância crescente, mas ainda não estavam juntas, debaixo do mesmo "teto". Na realidade, o transporte dos produtos acabados costumava ser de responsabilidade da área comercial e/ou marketing. O estoque costumava ser de responsabilidade do pessoal de finanças e/ou contabilidade, enquanto a fábrica cuidava do planejamento e da matéria--prima (BALLOU, 2001).

Mas o que significava tudo isso?

Imagine que, naquela época, você fizesse parte da área comercial de determinada empresa. Qual seria sua maior preocupação em relação à entrega das mercadorias comercializadas por ela? Se você fosse um profissional da área de finanças e contabilidade, qual seria sua maior preocupação ao fazer a gestão do estoque de produtos da sua empresa?

No caso da área comercial, podemos dizer que você provavelmente voltaria sua atenção para a mais rápida entrega das mercadorias, sem que houvesse, necessariamente, uma maior preocupação com o custo desse transporte para a empresa.

Já como gestor do estoque, na área de finanças, certamente você se preocuparia mais em quantificar o total de itens e apurar o valor financeiro de estoque disponível nas fábricas e/ou depósitos da empresa, sem que houvesse, necessariamente, uma maior preocupação em manter um nível de estoque que pudesse assegurar, na maioria das vezes, um perfeito atendimento do cliente.

Este era o cenário das empresas do meio do século XX. Com o passar do tempo e com o aumento da concorrência, as empresas passaram a se preocupar mais com a composição dos custos, entre eles, o custo com a Logística. Antes negligenciada, agora não era mais possível continuar gerenciando a área da mesma forma. Assim, começaram os primeiros passos no sentido de integrar as atividades operacionais que consumiam muitos custos, como transporte e estoque, o que deu origem à área atualmente conhecida por "Logística".

Na realidade, o objetivo da Logística é integrar as atividades que são muito custosas, como o transporte e o estoque, visando reduzir os custos envolvidos. Mas, para que isso ocorra, a definição apresentada de Logística tem de sair do papel de coadjuvante para se tornar parte do elenco principal do ambiente organizacional. Vamos entender como?

Resumidamente, pensar em Logística é o mesmo que pensar e colocar em prática de forma inteligente uma maneira para entregar produtos e/ou serviços ao cliente. Perceba que estamos falando de produtos e serviços, mas será que eles são a mesma coisa? Bom, produtos são tangíveis, ou seja, podemos tocá-los e, por isso, fica mais fácil compreendê-los dentro do contexto da Logística. Já os serviços não são tangíveis e, portanto, não temos como mensurá-los quantitativamente. Sendo assim, você pode estar pensando: "Se não são tangíveis, não precisam de estoque, nem tampouco de serem transportados de um lado para o outro. Então, como a Logística está relacionada a eles?". Calma, vamos entender melhor esse assunto.

Apesar de serem utilizados como sinônimos em algumas situações do dia a dia (por exemplo, vários bancos se referem aos serviços prestados como "produtos"), a principal diferença entre produtos e serviços diz respeito exatamente à "tangibilidade" de um em relação à " intangibilidade" do outro. Portanto, é isso mesmo: produtos são tangíveis, já os serviços, não.

Agora que já sabemos a diferença entre produtos e serviços, retornaremos ao conceito de Logística. Ao estudarmos Logística, palavras como estoque, transporte e armazenamento se encaixam perfeitamente, não é mesmo? Quando falamos em Logística, outra palavra que vem à nossa mente é fluxo. Quando pensamos em fluxo, pensamos sempre em algo corrente, que está em movimento, como é o caso de um rio.

No entanto, da mesma forma como existem rios que seguem seu fluxo, existem também represas que podem controlar o fluxo de um rio, mantendo sempre uma determinada quantidade de água armazenada. Na área de Logística, a palavra fluxo é constantemente utilizada, pois ela tanto pode representar o transporte (quando está em movimento), como também o estoque (quando está parado).

Para pensarmos sobre a importância da Logística, convidamos você a fazer uma pequena viagem: imagine-se na década de 1950. Como seria as empresas daquela época? Como elas poderiam vender produtos e/ou serviços sem qualquer tipo de transporte e/ou forma de gestão do estoque? Mesmo em um banco, que é uma empresa de serviços, há transporte e estoque de dinheiro; em uma escola, há transporte e estoque de pessoas! Ah... mas e o que dizer da educação a distância? Ora, ela também se enquadra; nesta época, esse tipo de ensino nem existia. Agora vamos pensar em nossa época atual, será que as empresas que prestam serviço de educação a distância (EaD) não têm fluxo de materiais, pessoas e informações? Claro que sim! Todas as empresas, sem exceção, em maior ou menor grau, precisam de algum tipo de Logística.

6.1.1 Atividades primárias e de apoio na Logística

Na situação anterior, vimos que o Brasil enfrenta um gargalo imenso no que diz respeito ao armazenamento e transporte da safra de grãos. Essas duas atividades, somadas ao processamento de pedidos, são consideradas atividades primárias para a Logística, ou seja, sem elas, é impossível atender às necessidades e/ou desejos do consumidor.

Voltando à situação anterior, o transporte costuma ser a atividade que mais consome o dinheiro da empresa, pois, afinal de contas, é muito difícil para uma empresa evitar esse tipo de custo, já que ela tem de levar seu produto aos clientes.

Agora, vamos pensar em outro exemplo: uma empresa de confecção de roupas. Embora possa comercializar algumas peças de roupas na própria fábrica, em busca de ampliar seu mercado, a empresa pode transportá-las para outros locais, como outras cidades. Ampliar vendas em um mundo globalizado, faz a questão do transporte de produtos ser ainda mais relevante.

E se além de distribuir para cidades brasileiras, a empresa também decidisse exportar para os Estados Unidos, para a Europa ou até mesmo para a China? Sem dúvida, utilizaria um meio de transporte que não fosse o terrestre, optando pelo navio ou o avião. Para tomar a decisão sobre qual modal de transporte seria utilizado, a empresa deveria levar em conta os custos do transporte, a rapidez na entrega e os aspectos de segurança envolvendo a carga.

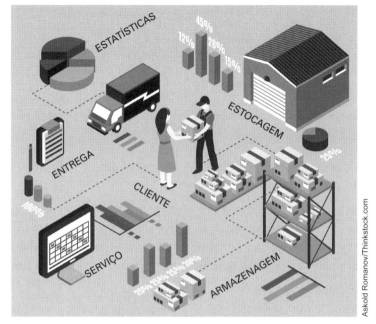

FIGURA 6.2: Estratégias de distribuição.

Há mais dois aspectos relacionados ao transporte, caso ela optasse pela exportação:

1. **Primeiro:** como a carga a ser enviada chegaria ao porto ou aeroporto? Poderia ser transportada por caminhões (modal rodoviário) ou por uma combinação de modais de transporte, incluindo um trecho por trem (modal ferroviário) acrescido de trecho por caminhão (modal rodoviário)?

2. **Segundo:** depois de atravessar o continente por navio ou avião, como a carga chegaria ao seu destino final? Também poderia ser transportada por caminhões (modal rodoviário) ou por uma combinação de modais de transporte incluindo um trecho por trem (modal ferroviário) acrescido de trecho por caminhão (modal rodoviário)?

Essas questões precisariam ser analisadas e seus custos avaliados para a empresa poder se planejar e se organizar para atender seus clientes no exterior. E com base nesses cálculos e possibilidades, verificar se o negócio seria viável ou não.

Como visto anteriormente, além do transporte, o estoque também é considerado uma atividade primária da Logística. Aliás, a respeito dele, vamos fazer um pequeno parêntese: na prática das empresas, o estoque é popularmente conhecido como um "mal necessário", uma vez que, apesar de indesejado pelas empresas, dificilmente elas sobrevivem sem ele. Contudo, é possível minimizá-lo e otimizarmos os recursos para administrá-lo.

Você sabia?

A Holanda é o maior exportador de flores no mundo inteiro. Visando entregar suas flores de forma rápida e em perfeitas condições, um dos principais meios de transporte utilizado é o aéreo. No Brasil, temos a cidade de Holambra, próxima à Campinas, no estado de São Paulo, considerada o maior centro de produção de flores e plantas ornamentais da América Latina, que também utiliza o avião como um dos principais meios de transporte. Esse meio é o mais caro, mas também o mais rápido. Trata-se de um processo logístico singular, já que as flores são colocadas em embalagens especiais, de papelão (sendo apoiadas em pallets aeronáuticos), em ambiente refrigerado e pressurizado, exatamente como ocorre na cabine de passageiros dos aviões.

Mas por que organizar o estoque é tão primordial para o desenvolvimento de uma empresa?

Porque estocar significa ficar com o dinheiro parado, sem render nada e, o que é pior, correndo o risco de ser perdido por sofrer algum tipo de sinistro (roubo, incêndio etc.) ou por ser "esquecido" no armazém, ultrapassando o prazo de validade, gerando prejuízos para a empresa. Por essas razões, o estoque é conhecido como um "mal", ainda que necessário.

Dessa forma, "zerar o estoque" não é uma boa saída para as organizações, uma vez que as necessidades do mercado podem surpreender. Mas, por outro lado, também não devemos trabalhar com um nível de estoque muito alto, sob o risco de sermos surpreendidos por algum evento inesperado e perdermos dinheiro.

A questão, então, passa a ser a seguinte: qual é o nível mais adequado de estoque para uma empresa?

Em princípio, é aquele nível que permite atender o cliente da melhor forma possível e utilizar de forma adequada os recursos (pessoas, tecnologia, capital etc.) disponíveis da empresa.

Até esse momento falamos sobre duas atividades primárias da Logística: o transporte e o estoque. Agora, vamos tratar da terceira e última: o processamento de pedidos. Apesar de não representar tantos custos quanto transporte e estoque, o processamento de pedidos também é considerado uma atividade primária, pois abrange o início de todo o processo de entrega do produto ao cliente, seja na quantidade, na forma e no momento que o cliente deseja.

Quando fazemos a compra em lojas físicas ou por internet de algum objeto que precisará ser entregue posteriormente, o maior inconveniente é o de esperar horas ou dias para receber o pedido. Quando o pedido finalmente é entregue, sentimos até uma alegria, não é mesmo? Mas, e quando o pedido é entregue incorretamente e precisamos entrar em contato com a empresa a fim de que ela repare o erro? Quanto desgaste!

Em alguns casos, as pessoas chegam até a desistir da compra, ficam irritadas com a empresa, reclamam aos serviços de proteção ao consumidor e, até mesmo, fazem propaganda negativa da empresa. Do lado da empresa, a situação também é complicada, pois, além de lidar com a insatisfação do cliente, é preciso devolver o produto e desfazer o erro. Todas essas situações são exemplos de processos que envolvem o processamento de pedidos.

Outra situação bastante recorrente em nosso dia a dia, que também contempla o processamento de pedidos, é o da contratação de serviços (lanchonetes, bancos, telefonia, internet, cabeleireiro etc.).

Imagine que você contrata um serviço de telefonia e depois percebe que a conta não está de acordo com o que esperava pagar, porque venderam o pacote errado a você. Considere também a possibilidade de contratar um serviço de internet banda larga por um valor e descobrir que a velocidade do serviço não está de acordo com o contratado.

Considere ainda a situação de estar em um restaurante, pedir um prato sem determinado item, porque tem alergia ou não gosta, mas quando o pedido chega à mesa, você percebe que o prato veio errado. Lá se vão mais alguns longos minutos até que a cozinha corrija o pedido.

É por esses e outros motivos que o processamento de pedidos é uma atividade tão importante para o bom funcionamento da Logística.

Na prática, além das atividades primárias que foram mencionadas anteriormente, existem várias outras atividades que apoiam a Logística e que, por este motivo, são chamadas atividades de apoio, como: armazenagem, manuseio e embalagem de materiais, programação de materiais e de produtos e tecnologia da informação.

A armazenagem está relacionada ao local onde um determinado nível de estoque está localizado. É comum haver algum tipo de armazenagem, tanto de matéria-prima como de produtos sendo trabalhados na fábrica e/ou produtos acabados dentro da própria fábrica ou na planta (local) onde está a fábrica. Também é comum as empresas terem depósitos situados fora da planta, muitas vezes em outras cidades ou regiões, para atender aos mercados consumidores mais distantes. Esses depósitos são atualmente chamados de Centros de Distribuição ou simplesmente CDs.

O manuseio refere-se à forma como determinado material é fisicamente alocado ou retirado de algum tipo de transporte e é estocado em algum armazém. Isso pode ocorrer de diferentes formas: manualmente, utilizando-se algum tipo de equipamento (por exemplo, transpaleteiras, empilhadeiras e portainers) ou por meio de uma combinação dessas duas formas. Qualquer que seja o tipo de manuseio, é importante que o produto esteja bem protegido contra qualquer tipo de dano que possa ocorrer nesse manuseio. É por esse motivo que uma adequada embalagem para o produto é essencial.

Logística de Distribuição de Venda

A programação de recebimento de materiais e da fabricação de produtos acabados está relacionada com o planejamento dos fluxos de materiais e informações. A falta de material é prejudicial porque a empresa deixa de atender seus clientes e, consequentemente, de vender. Por outro lado, se existe excesso de material, constitui-se estoque volumoso e a empresa gasta mais do que deveria, além de assumir os custos com armazenagem dos produtos, tendo a lucratividade diminuída sobre a venda desses produtos estocados. No caso de produtos perecíveis, deve-se ter mais cuidado, pois, quanto maior o estoque, maior é o risco de perder o produto, caso as vendas caiam.

A tecnologia da informação é considerada uma atividade de apoio da Logística, mas, assim como ocorre em várias outras áreas das empresas, ela também tem se tornado cada vez mais essencial para o bom andamento do negócio. Agora, pare e pense por alguns segundos: como seria o dia a dia nas organizações sem computadores? Imagine como seria a "vida" de uma empresa, na qual, desde o processamento do pedido até a entrega do produto ao cliente, todo o processo informatizado fosse feito "à mão"? Agora, pense no mesmo fluxo sendo realizado por uma organização que se utiliza da tecnologia da informação. Há muita diferença, não é mesmo?

6.1.2 Classificação da Logística

As organizações buscam os suprimentos necessários para a produção de seus produtos e serviços. Tais suprimentos, chamados genericamente de "matéria-prima" são coletados de acordo com os produtos que serão fabricados.

Para isso, há critérios para o transporte da matéria-prima de um produtor à indústria. Como exemplo, podemos citar o produtor de frutas, que deve manter todo cuidado necessário para que a carga chegue no melhor estado de conservação possível aos Centros de Abastecimento das diversas localidades do país. O produtor realizará o transporte, considerando a encomenda do cliente, a quantidade, a embalagem e os tipos de frutas a serem transportados. O mesmo vale para os outros produtores: cada um seguirá uma lógica diferente, visando facilitar e até mesmo diminuir ou evitar custos desnecessários no processo logístico.

Assim, é importante destacar que o estado em que a matéria-prima se encontra e o papel que ela desempenha em determinado momento do processo produtivo servem de referência para identificarmos qual classificação da Logística está em operação naquele determinado material: entrada, produção ou saída.

Agora, você pode estar se perguntando: "Mas, como assim? O que significa o papel que uma matéria-prima desempenha?". Pense que determinado tipo de cereal pode ser colhido, embalado e, na sequência, ser vendido ao consumidor. Nesse exemplo, esse cereal que será embalado pode ser chamado de produto semiacabado e irá cumprir um papel específico: provavelmente ele será utilizado domesticamente, no café da manhã, por exemplo.

FIGURA 6.3: Classificação da matéria-prima no processo produtivo.

Imagine que o mesmo cereal poderá servir como matéria-prima para uma indústria de ração para animais. Neste caso, ele irá desempenhar outro papel, não sendo mais utilizado domesticamente, mas dentro de uma indústria, que irá produzir outro produto a ser consumido.

Além do exemplo do cereal, outro exemplo a ser considerado é o minério de ferro (matéria-prima), que pode ser transformado em uma chapa de aço (produto semiacabado) que, por sua vez, pode resultar em porta de um veículo (produto acabado). Essas três etapas representam as diferentes classificações de Logística: Logística de Entrada, Logística de Produção e Logística de Saída.

Considere agora um fabricante de tecidos. Quando ele compra algodão de um determinado fornecedor, essa compra representa uma Logística de Entrada. Em outras palavras, sempre que uma determinada empresa recebe materiais de outra empresa para que sejam transformados em produtos, estamos nos referindo à Logística de Entrada ou Logística de Suprimentos.

Depois da Logística de Entrada, temos a Logística de Produção, que abrange todas as atividades que irão transformar o material em um produto. Essa etapa inclui a aplicação de habilidades e competências dos trabalhadores, acrescidas normalmente do uso de máquinas e equipamentos envolvidos no processo de produção. As etapas envolvendo a transformação do cereal bruto (matéria-prima) em ração para animais é um caso de Logística de Produção.

Agora, pense no algodão que será transformado, por uma indústria de tecelagem, em tecido (produto semiacabado) que, por sua vez, será transformado em algum tipo de roupa por alguma confecção (produto acabado). Esse produto final representa a Logística de

Saída. Todas as atividades relacionadas com a distribuição do produto de uma determinada empresa para seus clientes são chamadas Logística de Saída ou Logística de Distribuição.

6.2 A Logística Integrada: do planejamento à distribuição

Quando tratamos de Logística Integrada, temos de ter em mente que ela se preocupa com as principais etapas relacionadas com o atendimento ao cliente, iniciando pelo planejamento.

Quando pensamos na palavra planejamento, imediatamente nos vem à mente algo relacionado a planejar, idealizar, projetar, programar, preparar alguma coisa. Consideremos um passeio à praia no fim de semana. Neste caso, estamos pensando em duas coisas: a primeira está relacionada a algo que poderá ocorrer no futuro, e a segunda, com o que deveremos fazer no presente para alcançar tal objetivo.

Com as empresas não é diferente. A Logística Integrada se preocupa com as principais etapas relacionadas com o atendimento ao cliente (pensamento no futuro) e com o que se deve fazer no presente (começando pelo planejamento), visando transformar o futuro em realidade.

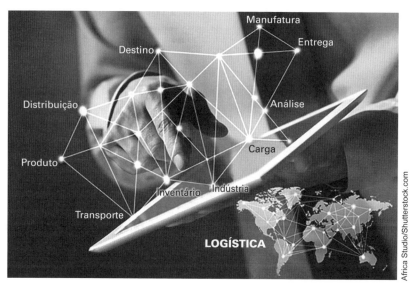

FIGURA 6.4: Logística Integrada – foco no cliente.

Uma das principais aplicações do planejamento, que está intimamente relacionada com o atendimento ao cliente, é a elaboração da previsão de vendas de uma empresa. Com base nessa estimativa, a empresa movimentará uma série de recursos. Por exemplo, se ela espera vender 100 unidades de um produto no próximo mês, então, pelo menos no mês anterior ela deve comprar a matéria-prima necessária para a fabricação e entrega dessas 100 unidades.

Na prática, muitas vezes, o produto fica estocado antes de ser comercializado. Conforme mencionado anteriormente, o estoque é necessário – entre outros motivos – para que não falte produto para os clientes da empresa.

Até aqui vimos os principais conceitos associados à Logística. A partir desse ponto, seguiremos com o objetivo de compreender de forma específica a Logística de Produção ou Logística do Processo Produtivo. Em outras palavras, vamos descobrir como ocorre o processo de transformação de materiais em produtos e/ou serviços. Preparado? Então vamos em frente!

6.2.1 A Logística do Processo Produtivo

Você gosta de suco de laranja? Como ele chega até você? O processo produtivo desse suco é simples?

Sim! É só espremer a laranja e temos o suco! Será que é isso que ocorre em todos os casos? Na realidade, isso é o que ocorre em nossas casas. Mas, e nas lanchonetes e restaurantes?

Podemos imaginar que, em um restaurante com grande movimento de clientes, provavelmente deve existir um determinado tipo e número de laranjas que serão utilizadas para produzir um copo com 300 ml de suco. Além disso, talvez seja utilizado um determinado tipo de açúcar (comum, cristal, light, mascavo etc.) e provavelmente deve ser utilizado um espremedor elétrico. Todos esses insumos (laranja, açúcar, máquina, operador, eletricidade etc.) são as entradas para o processo de fabricação do suco de laranja, que é o resultado desse processo.

Lembra-se de quando falamos de Logística de Entrada, de Produção e de Saída? Pois bem, agora chegou o momento de aplicarmos aqueles conceitos. O que pode, afinal, ser considerado como entrada, processo e saída?

Entrada são todos os recursos necessários para a produção ou execução de algum produto e/ou serviço. Esses recursos podem ser materiais, mão de obra, máquina, consumidores e informações. A saída é o resultado da empresa, os produtos fabricados e/ou serviços prestados. Mas, e o processo?

Vamos pensar na produção de uma revista: quais seriam os principais recursos de entrada? Sem dúvida, o papel, a tinta, a cola, o maquinário para imprimir e encadernar a revista, a tecnologia envolvida, os funcionários etc.

E, no caso de uma empresa que também produz revistas, mas sua distribuição é on-line, ou seja, as edições estão disponíveis apenas na internet? Ela também possui recursos de entrada? Seguindo esse mesmo caminho, uma empresa de serviços também conta com recursos de entrada, processo e saída? Como seria essa situação em uma empresa de transporte aéreo?

Logística de Distribuição de Venda

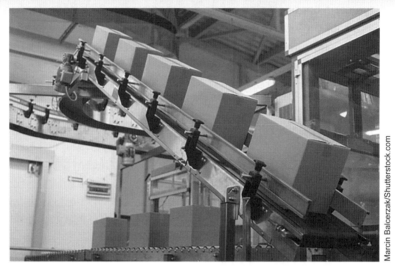

FIGURA 6.5: A Logística no processo produtivo – entrada, processo e saída.

Nesses casos, a produção equivale a um serviço que consiste em oferecer uma revista on-line, em que devem ser considerados a mão de obra qualificada, os repórteres para escrever matérias, computadores etc. O mesmo é válido para um transporte seguro e dentro dos horários estabelecidos, já que devem também ser observados os profissionais qualificados, as aeronaves com bom nível de manutenção, a tecnologia da informação para possibilitar que os passageiros façam check-in e sua viagem ocorra em segurança.

Outro exemplo de serviços é o salão de beleza. Nesse caso, temos alguns serviços que são considerados output (saída), como cabelo cortado, tingido ou escovado, unhas feitas (cortar, lixar e pintar) e a maquiagem. Todas essas saídas mencionadas envolvem determinados processos: as atividades de compras dos itens de consumo e dos equipamentos, o treinamento dos funcionários, a lavagem, a secagem e os cortes segundo as solicitações dos clientes, a compra de esmalte e produtos de maquiagem, as máquinas e equipamentos utilizados para fazer o serviço, entre outros.

6.2.2 Estratégia e critérios competitivos

Na compra de um celular, você percebeu que é necessário gerar um resultado positivo para o cliente que tem interesse em adquirir um produto. Podemos dizer que o resultado positivo dessa relação é considerado pelo cliente como "pacote de valor". Todavia, esse resultado não acontece de maneira natural, ao contrário, ele reflete o posicionamento estratégico da empresa, ou seja, a forma como ela irá competir no mercado.

Slack Johnston e Chambers (2002) definiram a estratégia como um "padrão global de decisões e ações que posicionam a organização em seu ambiente e têm como meta fazê-la atingir seus objetivos de longo prazo".

Mas o que seria um padrão global de decisões e ações? Abrange decisões e ações relacionadas à sobrevivência de uma empresa no mercado em que atua. Um exemplo de decisão pode ser a que uma empresa toma ao começar suas operações em um determinado país em função da renda da população. Vamos atuar no mercado de baixa, média, alta renda ou em todos os mercados?

Suponhamos que uma empresa recém-inaugurada tenha decidido atuar no mercado de baixa renda, que se encontra em crescimento no Brasil já há alguns anos. Nesse caso, o processo produtivo tem de ser coerente com essa decisão, ou seja, a produção também deve ser de baixo custo, para que os produtos também possam ter um preço baixo e, assim, proporcionar lucro para a empresa, contribuindo para sua sobrevivência no mercado. Se o preço do produto for baixo, mas o custo de produção for alto, a margem de lucro da empresa será reduzida e sua sobrevivência ameaçada.

6.3 Cadeia de suprimentos

Daqui em diante, veremos que a cadeia de suprimentos busca estabelecer a integração no processo logístico de vendas, que vai além de uma determinada organização. Antes de apresentar o conceito propriamente dito, vamos pensar em um problema típico do nosso dia a dia para entender isso melhor?

Você já foi a uma loja e não encontrou o que procurava? Quando isso acontece, é comum buscarmos um produto substituto ou irmos a outro estabelecimento, em busca do referido produto, sem refletir sobre o motivo da falta de tal produto. Mas você, alguma vez, diante de tal situação, já se perguntou por que a loja não possui o que você procurava? Será que o produto estava estocado em algum local diferente? Será que houve algum problema burocrático que resultou no atraso do pedido no fornecedor, e na consequente ausência do produto na loja? Esse produto saiu de linha? Não há matéria-prima para sua fabricação?

De fato, podemos pensar em várias possibilidades que podem resultar na ausência do produto que estávamos procurando e todas essas observações nos levarem a pensar que o problema da falta do produto está restrito à loja. Será que é isso mesmo?

Por tudo o que foi relatado, sim! No entanto, a ausência do produto pode ter sido acarretada por um erro de um fornecedor. Na realidade, também pode ter ocorrido um equívoco do fornecedor, e assim por diante. Afinal, as empresas dificilmente atuam de forma isolada, muitas vezes elas são clientes e fornecedores de outras empresas.

Para analisar esse assunto de forma mais ampla, o presente capítulo tratará da cadeia de suprimentos. Inicialmente, vamos entender o conceito de cadeia de suprimentos, que tem relação com o trabalho interligado de várias empresas.

Em outras palavras, temos que a cadeia de suprimentos é um termo que se refere ao trabalho que várias empresas fazem de forma conjunta, tendo um objetivo comum, que pode ser a entrega de um produto, a entrega de um serviço ou ambos, conforme vimos no "pacote de valor" do capítulo anterior. Assim, a criação de uma cadeia de suprimentos busca estabelecer uma integração externa à organização.

E a Logística, como ela e a cadeia de suprimentos se relacionam?

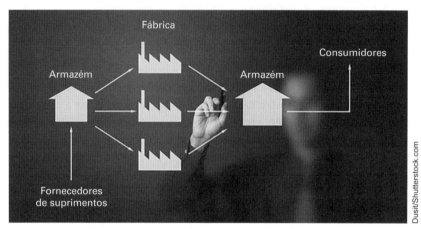

FIGURA 6.6: Cadeia de Suprimentos – análise de todo processo.

Uma vez que identificamos determinada cadeia de suprimentos, a Logística é justamente o fluxo dos materiais e informações ao longo da cadeia de suprimentos.

Por exemplo, como seria a cadeia de suprimentos de uma camiseta branca? Mesmo sendo uma simples camiseta, a cadeia de suprimentos não seria desenvolvida de maneira tão simples assim. Se ela foi feita de algodão, a cadeia se inicia com a matéria-prima, que é justamente o produtor do algodão. Em seguida, o produtor vende o algodão para as empresas de fiação (que fabricam os fios que irão compor o tecido), as quais vendem os fios para as empresas de tecelagem (que produzem o tecido) que, por sua vez, vendem para as confecções (que cortam, costuram e fazem o acabamento das roupas). Depois de pronta, o processo continua, pois a mercadoria tem de chegar ao consumidor final. Assim, das confecções, as camisetas são vendidas aos varejistas e, finalmente, chegam ao consumidor. Ufa! Como pode uma simples camiseta branca passar por todas essas etapas, não é mesmo?

Mas, afinal de contas, será que todas as cadeias são assim tão "lineares", perfeitamente encadeadas, começando com o produtor da matéria-prima, que vende somente para um fornecedor, e assim sucessivamente? Na prática, não! As cadeias de suprimento se assemelham a uma rede de suprimentos, na qual vários produtores de matéria-prima podem abastecer vários fornecedores, que, por sua vez, abastecem várias fábricas, e assim sucessivamente.

Vejamos um exemplo. Com relação à Companhia Siderúrgica Nacional (CSN), que é uma das maiores produtoras de chapas metálicas no Brasil, podemos avaliar:

quais seriam os seus maiores clientes? Certamente haveria outros compradores de chapas de aço além das montadoras de automóveis, como as empresas que fabricam eletrodomésticos (geladeiras, fogões etc.) e as latas metálicas, por exemplo. Neste caso, será que as empresas que fabricam latas metálicas somente as vendem para quem fabrica alimentos? É provável que não. Os produtores de tintas são outros grandes clientes das empresas que fabricam latas metálicas.

De forma conclusiva, o termo rede de suprimentos, nada mais é do que um emaranhado, uma teia, de diferentes cadeias de suprimentos.

6.3.1 Componentes da cadeia de suprimentos

O que todas as empresas, em maior ou menor grau, têm em comum quando fazem parte de uma cadeia de suprimentos? Se todas elas estão interessadas em oferecer um produto ou serviço para um consumidor final, portanto, todas necessitam de algum tipo de transporte, de estoque, de instalação (que pode ser uma loja, um depósito, uma fábrica etc.) e algum tipo de sistema de informação, não é mesmo?

Vamos compreender agora a aplicação da cadeia de suprimentos na prestação de serviços. Por exemplo, como seria a cadeia de suprimentos de serviços bancários? Será que, neste caso, as empresas da cadeia também possuiriam algum tipo de transporte, estoque, instalação e sistema de informação?

Podemos afirmar que em qualquer tipo de cadeia de suprimentos, seja em produtos ou serviços, é possível identificarmos seus principais "pilares": transporte, estoque, instalações e sistemas de informação (informática).

Um aspecto absolutamente crucial na ligação das instalações é o papel do sistema de informação, que será tratado no Capítulo 9, que unifica não apenas os vários departamentos de uma empresa, mas também as suas diferentes unidades (por exemplo, quando existem várias fábricas ou filiais) ou várias empresas (fornecedores e clientes).

Os sistemas de informação são fundamentais para o desenvolvimento das operações envolvendo a cadeia de suprimentos. Como você já estudou, esses sistemas, também conhecidos como *Enterprise Resources Planning* (ERP), apresentam respostas imediatas para questões de diferentes ambientes da organização (produção, vendas, estoques, finanças etc.).

Um dos sistemas de informações (ERPs) mais utilizados no ambiente logístico é o *Warehouse Management System* (Sistema de Gerenciamento de Armazenagem), conhecido popularmente como sistema WMS. Esse sistema normalmente proporciona melhora significativa na condução das operações, otimizando processos e reduzindo custos nos diversos elos da cadeia de suprimentos.

Para que essa melhora seja consolidada, há necessidade do acompanhamento constante das alterações envolvendo fornecedores, clientes e produtos, seja ela para mais (maior quantidade de fornecedores, produtos e clientes) ou para menos.

De acordo com Rezende e Abreu (2000), o termo "sistemas de informação" diz respeito a todo sistema, quer utilize ou não recursos tecnológicos, que recebe, trabalha e gera informações que, por sua vez, são dados úteis, trabalhados e tratados.

Mas, afinal de contas, por que é importante estudarmos os tais "pilares" da cadeia de suprimentos? Porque a mão de obra e/ou materiais utilizados no processo produtivo, representam os principais custos que as empresas, em geral, possuem em seu processo produtivo (produto acabado ou prestação de serviços).

Os responsáveis pela gestão de um negócio devem apresentar domínio sobre as relações envolvendo os pilares da cadeia de suprimentos, a fim de transmitirem instruções adequadas aos funcionários dos diversos elos que compõem a cadeia de suprimentos a qual a empresa está inserida. A partir daí, a organização poderá otimizar seu processo operacional e atingir seus objetivos de crescimento de mercado e de lucratividade.

6.3.2 Modais de transportes e redução de estoques

Vamos retomar mais uma vez os componentes da cadeia de suprimentos, também chamados pilares da cadeia, em virtude de sua importância: transporte, estoque, instalações e sistemas de informação. Quais são os tipos de transporte que poderiam ser utilizados em uma rede de suprimentos? Quanto de estoque deveríamos ter em quais instalações e como poderia ser o sistema de informações?

Existem várias alternativas possíveis, e, em princípio, podemos adiantar que não existe uma alternativa certa ou errada, porque o certo ou errado vai depender do seu tipo de negócio.

Os principais modais (tipos) de transportes utilizados nas redes de suprimentos são os seguintes:

- rodoviário (feito por caminhões ou carretas);
- ferroviário (feito por trens);
- hidroviário (feito por diferentes tipos de embarcações e chamado de "transporte fluvial", quando feito pelo rio; ou "transporte marítimo", quando feito pelo mar);
- aéreo (feito por aviões);
- dutoviário (feito por dutos subterrâneos; caso do petróleo, do gás e, mais recentemente, do etanol);
- infoviário (feito pelo conjunto de meios pelos quais trafegam os dados das redes eletrônicas: energia elétrica, internet, envio de arquivos, TV por assinatura etc.).

Também existe o transporte intermodal, que nada mais é do que uma combinação de diferentes modais. Por exemplo, qualquer carga que seja importada ou exportada para outro continente, provavelmente, utilizará o transporte marítimo e algum outro transporte, por exemplo, o rodoviário e/ou ferroviário.

E qual seria o melhor tipo de transporte? Basicamente, aquele que atende aos objetivos da empresa e possível de ser realizado. Por exemplo, a empresa pode fretar um avião para fazer uma determinada entrega, mas esse tipo de frete pode ser muito caro, a ponto de tornar o negócio inviável.

Assim, outro tipo de transporte deve ser analisado para cumprir o objetivo da entrega do produto.

Mas, será que só a análise do melhor tipo de transporte representa a melhor solução para a empresa? Não necessariamente. Ela representa parte da solução! A solução, em se tratando da cadeia de suprimentos, deve ser mais abrangente, englobando os demais pilares da cadeia (no mínimo, como o estoque será influenciado pelos diferentes meios de transporte).

O resultado final da avaliação de todos os pilares é que indicará a melhor solução para as empresas da cadeia.

Como já foi estudado, há a necessidade do acompanhamento rigoroso sobre os estoques de modo que não se forme um estoque excessivo, levando a empresa a conviver com aumento de seus custos, mas que também não proporcione a escassez de produtos, deixando de atender à demanda do mercado consumidor.

A melhor forma de manter um estoque reduzido passa por um esforço conjunto entre os principais elos (fornecedores e clientes) da cadeia de suprimentos. Mas esse esforço deve levar em consideração não apenas os pontos e a quantidade de estoque existente na cadeia de suprimentos, mas também os custos envolvidos com os diferentes tipos de transporte.

Trata-se de uma avaliação que deve ser feita de forma conjunta, combinando diferentes formas de transporte e estoques. Por exemplo, podemos ter uma combinação de transporte com entregas diretas, sendo os estoques situados nas fontes (fornecedores, fábricas etc.) e destinos (fábricas, depósitos, lojas etc.).

Do mesmo jeito que a entrega direta pode sair de determinada origem para determinado destino, ela também pode sair de várias origens para único destino, bem como de somente uma origem para vários destinos.

Em outras palavras, pode haver uma multiplicidade de fontes e/ou destinos envolvendo um ou mais tipos de transporte.

Apesar de a entrega direta ser uma modalidade muito utilizada, especialmente em se tratando de distâncias relativamente curtas, cada vez mais as empresas utilizam

Logística de Distribuição de Venda

depósitos intermediários, também conhecidos como Centros de Distribuição (CDs), para fazerem suas entregas.

6.3.3 Planejamento da localização e da capacidade de instalações

Suponha que você seja gerente de produção de uma multinacional interessada em construir no Brasil uma nova fábrica ou um Centro de Distribuição. Qual seria o local adequado para abrigar essa nova fábrica ou Centro de Distribuição?

Certamente, temos de pensar em uma série de variáveis antes de responder a essa pergunta. Essa mesma dúvida também teria de ser esclarecida para a tomada de decisão de abertura de outros negócios, como: casa lotérica, restaurante, agência bancária, farmácia, loja de sapatos, indústria química, consultório médico, escola, entre outros.

Mas quais variáveis devem ser consideradas para definição do local de instalação de um negócio? Uma delas seria justamente o ramo de atividade da empresa. Será uma indústria, comércio ou prestação de serviços? Vamos considerar, inicialmente, que temos a intenção de montar uma indústria.

Nesse caso, há predileção para que seja instalada em local de fácil acesso aos trabalhadores e para escoar a produção. Nesse sentido, a variável importante seria a proximidade com alguma rodovia, pois traria economia de tempo no recebimento de matéria-prima e no transporte de mercadorias.

Por outro lado, não há sentido uma indústria se instalar em um bairro estritamente residencial, longe de uma grande avenida ou rodovia. Ainda sobre esse exemplo, talvez a empresa não obtenha, por parte do poder público, as licenças necessárias para a sua instalação em um bairro residencial, em virtude dos riscos (explosões, intoxicações, vazamentos, fluxo elevado de caminhões, ruídos etc.) que poderão ser trazidos àquela região.

Vejamos, agora, a decisão de montar uma lanchonete, também considerando a variável da localização. Para essa modalidade de negócio, será considerado local ideal o ambiente que possua alta circulação de pessoas, ou seja, locais próximos a terminais de ônibus, metrô, escolas, centros comerciais, avenidas etc.

Outras variáveis que devem ser consideradas quanto ao planejamento da localização são a disponibilidade de fornecedores, os custos de instalação da empresa (infraestrutura de edificação, climatização, tributação praticada no município) e demanda potencial para o produto ou serviço.

Dentre as várias metodologias para definir o melhor local, existem duas bastante populares: a ponderação dos critérios e a comparação entre custos fixos e variáveis envolvidos.

Capítulo 7

Inbound – Técnicas de Atração

Este capítulo tem por objetivo conceituar a técnica de *inbound marketing*, bem como suas principais características, diferenciais e sua aplicabilidade nas estratégias de marketing digital em busca de maior atratividade dos clientes.

Trataremos mais especificamente os assuntos citados a seguir:

- conceito de *inbound*;
- conceito de *outbond*;
- marketing digital.

Ao finalizar este capítulo, esperamos que você seja capaz de:

- entender as diferenças existentes entre essa nova estratégia de atração de clientes tradicionais, na busca de potenciais clientes por meio de um marketing mais atrativo, com menores investimentos e maiores taxas de conversão.

7.1 Conceituação

A evolução tecnológica vivenciada pela humanidade da metade do século passado até os dias atuais jamais foi vivida. Boa parte das mudanças observadas dizem respeito aos avanços tecnológicos que promovem alterações significativas nos produtos, serviços, processos de trabalho, materiais, nas formas como as empresas se organizam, nas modalidades de distribuição dos itens de consumo e no surgimento de novas modalidades de negócios jamais pensadas anteriormente.

Alguns setores são mais afetados que outros em relação às tecnologias, porém, todos os segmentos de negócio, de algum modo, sofrem este impacto. A diferença ocorre na forma como as empresas lidam com a incorporação das novas tecnologias.

Por exemplo: imagine uma barraca de frutas e verduras em uma feira. O feirante poderá se beneficiar das tecnologias oferecendo aos seus clientes a possibilidade de pagamento dos produtos pelo cartão ou, até mesmo, oferecendo a entrega domiciliar por meio de pedidos feitos nas redes sociais ou em seu site.

Outro exemplo neste sentido: agricultores e pecuaristas poderão se beneficiar do acesso à internet para pesquisar melhor os preços que são praticados no mercado e, assim, estabelecer uma política de preço mais adequada para eles.

As áreas vinculadas ao segmento da saúde, da indústria farmacêutica, dos bancos e das telecomunicações são diretamente afetadas pela evolução tecnológica. Você já imaginou ter conta em um banco que não tem suas operações pela internet e que as vezes que você precisar pagar uma conta terá de ir até a agência?

Embora seja novo, o conceito de *inbound* já vem sendo praticado de forma inconsciente há bastante tempo por profissionais de marketing.

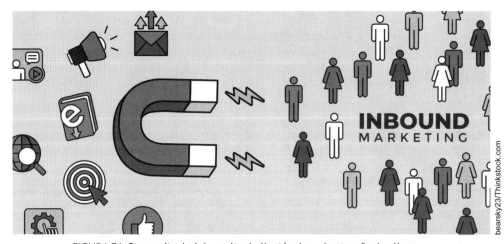

FIGURA 7.1: O conceito de *inbound* trabalha técnicas de atração de clientes.

Estratégias de publicações que agreguem valor ao cliente potencial, com informações relevantes e com foco no conteúdo de algo tangível ou intangível são ligadas ao *Inbound Marketing*.

A estratégia de *Inbound* tem por objetivo atrair o interesse das pessoas por meio da criação e compartilhamento de conteúdo voltado para um público-alvo específico. Esta técnica visa a conquistar a permissão de comunicar com seus clientes potenciais de forma direta, proporcionando, assim, um relacionamento duradouro.

O conceito de *Inbound* é amplo e bem característico, pois trata-se de uma forma de marketing que se encaixa perfeitamente nas necessidades e desejos do cliente.

O *Inbound,* muito diferente do conceito de marketing tradicional, também conhecido como *Outbond*, busca atrair ao invés de interromper. É qualquer estratégia de marketing que visa atrair o interesse das pessoas. Vejamos algumas dessas estratégias na prática:

- propagandas em blog;
- utilização de infográficos;
- relações públicas;
- questionários;
- fóruns on-line;
- vídeos on-line;
- e-mail marketing;
- conteúdo em mídias sociais.

Alguns dizem que o *Inbound Marketing* se divide em três pilares: *SEO*, Marketing de Conteúdo e Estratégia em Mídias Sociais.

7.1.1 SEO

SEO é uma sigla que vem da expressão em inglês *Search Engine Optimization*. Traduzindo-se ao pé da letra, seria otimização para mecanismos de busca. Trata-se de técnicas e métodos para se otimizar sites, blogs e demais páginas na web, com o objetivo principal de melhorar seu *ranking* por meio da geração de tráfego e autoridade para um site ou blog.

Por meio das técnicas de SEO, as empresas buscam alcançar as primeiras posições nos mecanismos de busca, visando maior acesso em seus sites ou blogs. Normalmente, os internautas leem a primeira página trazida pelo motor de busca.

Para alcançar um bom posicionamento na primeira página do Google, por exemplo, é preciso mais que estar na internet. Será necessário utilizar estratégia específica de Marketing Digital para otimizar os resultados e garantir que sua empresa alcance o posicionamento esperado. O uso das otimizações citadas no parágrafo anterior pode melhorar a experiência do seu leitor e se tornar um resultado excelente aos olhos dos motores de busca.

FIGURA 7.2: A importância dos mecanismos de busca via internet para os negócios.

Estudos apontam que 79% dos sites brasileiros ainda não são otimizados. Trata-se, portanto, de uma grande oportunidade para aumentar as chances de sua empresa ficar entre os primeiros resultados orgânicos (não pagos) dos buscadores.

Tecnicamente falando, o trabalho de empresas que desenvolvem essa otimização por meio do SEO, focam principalmente nos seguintes trabalhos:

- análise da concorrência de mercado;
- avaliação da popularidade do seu site, *page rank*, links internos, links externos, HTML (para que seu site ganhe destaque nas buscas);
- *meta tags*, para a atribuição de relevância ao segmento do site, adicionando as metas corretas;
- aplicação das melhores técnicas SEO existentes na atualidade;
- criação de links externos e internos, visando ao aumento da popularidade do seu site;
- instalação de robôs, para uma melhor conectividade entre seu site e os buscadores.
- indexação do Google Analytics, a qual proporcionará o gerenciamento e monitoramento do site, com relatórios relevantes sobre o tráfego no seu site, gráficos e estatística de acessos.

HTML: sigla de HyperText Markup Language, expressão inglesa que significa Linguagem de Marcação de Hipertexto.

Metas tags: linhas de código HTML ou "etiquetas" são usadas para descrever o conteúdo de seu site para os buscadores.

Google Analytics: ferramenta virtual criada para fornecer apoio aos *webmasters* no processo de otimização de seus sites para campanhas de marketing.

7.1.2 Marketing de Conteúdo

Marketing de Conteúdo é a forma mais moderna e interativa de atrair e reter cliente para gerar receitas à Organização. A estratégia é aproximar e conectar as empresas ao seu público-alvo, buscando aumentar a rede de clientes e potenciais clientes por meio da criação de conteúdo relevante e valioso para ambas as partes. Com isso, consegue-se atrair, envolver e gerar valor para as pessoas. Cria-se, assim, uma percepção positiva da sua marca e consequentemente pode alavancar seus negócios.

FIGURA 7.3: Estratégias atuais na busca de clientes.

Estratégias de marketing digital, como o marketing de conteúdo, já são realidade, principalmente devido ao aumento cada vez maior de empresas na internet, novas estratégias estão surgindo para garantir o sucesso on-line. Estima-se que mais de 70% das empresas que estão on-line investem ou pensam em investir nessa estratégia.

7.1.3 Estratégias em Mídias Sociais

Uma excelente forma de identificar oportunidades de prospecção de clientes é via Mídias Sociais. Elas permitem a divulgação dos serviços e produtos que você desenvolve diretamente para as pessoas que você deseja atingir. Por exemplo: por meio do Facebook você pode direcionar as suas ações de divulgação para o público específico da sua empresa, identificando a região, a faixa etária, o sexo, dentre outras características. O LinkedIn possibilita efetuar contatos com pessoas com características específicas e nichos de mercado.

FIGURA 7.4: Mídia social – canal de sucesso em marketing.

Para que sua empresa obtenha sucesso por meio da mídias sociais, não pode se esquecer de alguns pontos cruciais nesse processo, como:

- planejar sua estratégia de marketing nesse canal;
- criar linguagem e tópicos customizados para cada rede social;
- fazer uso principalmente das redes mais utilizadas, como Facebook, Twitter, Instagram e LinkedIn.

7.1.4 Diferenças entre *Inbound* e *Outbound*

Já conceituamos o termo *Inbound* e agora vamos tentar compará-lo e diferenciá-lo com o *Outbond*. Vamos lá?

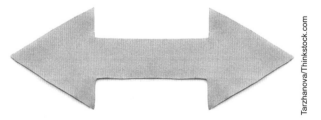

FIGURA 7.5: Inbound e outbound – caminhos opostos em busca do mesmo objetivo.

A palavra pode ser nova, mas você já conhece a estratégia. Lembra-se da mensagem exibida no meio da revista que você lê? Ou então, vamos lá...o intervalo comercial da TV? Ou quem sabe um anúncio no meio do *post* do seu site ou blog preferidos?

Pois então: o *Outbound* nada mais é do que o marketing tradicional, que usa a estratégia da "interrupção" para se dirigir ao seu público. Neste tipo de proposta, nem sempre você gostaria de ver aqueles anúncios e muitas das vezes ele nem foi criado para você, mas eles estão ali buscando atrais a sua atenção.

O *Outbound Marketing* não é tão eficaz quanto já foi. Ficam a todo momento descarregando propagandas em cima de você, o que faz muitas vezes que você tente evitá-las, trocando de canal, site etc. O consumidor atual está mais seletivo e bem informado.

A tecnologia permite que as pessoas possam gravar um programa de TV e pular todos os comerciais, por exemplo. E o mercado não pode perder esse público. Novas estratégias tinham de ser criadas. Hoje quase não se lê mais materiais impressos e, mesmo na internet, com um clique, você pode selecionar o que quer ver ou ouvir.

O novo consumidor tem outros valores, necessidades e posturas. Ele quer conteúdo de qualidade. E esse termo qualidade, pra ele, é algo com valor agregado. Não basta qualidade técnica, tem que ter bom atendimento, prazo, formas de pagamento atraente, por exemplo. Ele toma a decisão de compra e tende a demandar por marcas mais abertas ao diálogo e ao respeito moral e social.

Exatamente aí que o *Inbound Marketing* se destaca: não é invasivo e consegue ter mais respeito para tentar impactar seu público, utilizando mensagens mais inteligentes nesse sentido.

O *Inbound* tem mais chances de conversão da mensagem em uma venda, pois atinge as pessoas que realmente estão interessadas naquela mensagem, naquele momento. Utiliza mensagens de maior utilidade ao seu público.

Os investimentos em *Inbound* são aproximadamente 60% menores que no *Outbound*, além de serem mais eficientes e com taxas de conversão maiores do que o *marketing* tradicional. Não é mágica, mas, sim, eficiência: no *Inbound*, você está falando com o seu público-alvo na hora certa e no momento certo.

Mensurar os resultados no *Inbound* é mais prático e rápido e pode ser feito em tempo real, o que possibilita mudanças se algo estiver errado, fora da meta traçada.

Na estratégia do *Outbound*, você não tem essa agilidade toda. O processo é mais lento. A revisão só pode ser realizada quando o resultado já foi finalizado, impossibilitando uma reversão de quadro a tempo.

QUADRO 7.I: Comparativo das estratégias *Inbound* e *Outbound*

Inbound	Outbound
É mais permissivo	É mais invasivo
Possibilita mais diálogo em via dupla	Comunicação Unilateral
Investimentos mais baixos	Investimentos mais altos
Altas taxas de conversão	Baixas taxas de conversão
Mensagens mais envolventes e bem-vindas – maior retenção	Mensagens menos envolventes e nem sempre bem-vindas – menor retenção
Mensuração em tempo real – on-line	Mensuração mais demorada - off-line

Para refletir

5. Conceitue *Inbound* e cite 2 exemplos práticos de aplicabilidade.

6. Quais os benefícios práticos da estratégia de SEO? Dê exemplos.

7. Diferencie *Inbound* e *Outbond* de acordo com seu entendimento e diga quais as vantagens e desvantagens de cada uma delas.

8. Você descartaria totalmente a estratégia de *Outbound* para as empresas? Por que? Justifique sua resposta.

9. Por que o *Inbound* pode ter maiores taxas de conversão? Explique e exemplifique.

10. Por que o *Outbound* é menos permissivo que o *Inbound*?

11. Por que os investimentos no *Inbound* tendem a ser mais baixos que no *Outbound*?

12. O *Outbound* é de difícil mensuração? Explique e exemplifique.

13. Por que o *Inbound* vem crescendo tanto no segmento corporativo?

14. "O *Inbound* possibilita maior diálogo em via dupla". Explique a frase.

Capítulo 8

Técnicas de Vendas

Este capítulo tem por objetivo abordar o processo de técnica de vendas e suas principais características e componentes.

Trataremos mais especificamente dos assuntos citados a seguir:

- processo de vendas;
- a relação entre marketing e vendas;
- prospecção de clientes;
- abordagem de clientes;
- demonstração de produtos;
- segmentação de clientes.

Ao finalizar este capítulo, esperamos que você seja capaz de:

- entender o processo de vendas de forma holística;
- compreender as técnicas necessárias para conquista e manutenção de clientes.

8.1 Processo de vendas

Podemos dizer que todos nós somos um pouco vendedores e, a todo o momento, estamos, de certa forma, vendendo alguma coisa, seja um produto, um serviço, uma ideia ou até nós mesmos quando estamos em busca de um emprego. Vender é uma atividade inerente ao ser humano.

Alguns autores afirmam que vender no mundo atual é comparado a uma guerrilha civilizada, cujas armas são palavras e ideias aliadas a um pensamento metódico. Já as ações de marketing, nessa metáfora, são estímulos para que as vendas ocorram a contento.

Existem inúmeros livros, vídeos e cursos no mercado que ensinam diferentes técnicas de vendas, com dicas de como envolver cada vez mais os clientes e como os vendedores devem se comportar diante de um processo de vendas. As sugestões desses materiais são muito semelhantes, porém, sempre existe uma dica ou outra mais interessante e que pode ser uma peça-chave durante o processo de vendas.

Existem vendedores natos, ou seja, que nascem prontos para vender? Não, mas é incontestável que vender requer talento. Vender não é apenas repassar para o cliente um produto (incluindo bens e serviços). Vender em um mercado altamente competitivo, como vivemos hoje, é mais complexo e requer habilidades diferenciadas.

O vendedor precisa identificar, em sua oferta, não apenas o valor que será depositado no caixa da loja, mas quais são os benefícios que está oferecendo, os resultados que os clientes terão com os produtos e os valores agregados que serão entregues. Não é à toa que, em muitas empresas, os vendedores passaram a ser chamados de consultores, pois eles entregam mais que um produto, entregam uma solução a seus clientes, orientando-os sobre as diversas possibilidades para resolver seus problemas com aquela nova aquisição.

O vendedor deve estar seguro do que está vendendo, conhecer bem o produto e o serviço ofertado. Por sinal, a primeira pessoa para quem o vendedor deve vender é para si próprio, pois se ele não consegue se convencer, dificilmente conseguirá vender para outras pessoas.

Profissionais que são considerados bons vendedores são muito procurados pelas empresas, pois são eles que geram resultados e encontram ótimas formas de promover a melhoria contínua nas organizações. Esses profissionais geralmente possuem excelentes remunerações, com um salário base (fixo) mais o variável (comissão), composto por uma porcentagem sobre o volume de vendas efetuadas.

Vendedores alavancam o crescimento da empresa, trazem novas receitas e mantêm a empresa em crescimento, favorecendo a sua longevidade. Porém, vender bem requer honestidade e integridade nas atitudes, pois o vendedor que só pensa em suas comissões pode gerar enormes prejuízos para as empresas.

É muito comum escutarmos uma parábola (KOTLER, 2013, p. 227) nos cursos de vendas, que visa mostrar as habilidades dos vendedores. Vamos conhecê-la?

FIGURA 8.1: Habilidade de encontrar oportunidades no mercado.

Na busca por novos mercados, um fabricante de calçados enviou alguns de seus vendedores para identificar as oportunidades em uma terra distante. Chegando lá, um deles teve a seguinte percepção:

- as pessoas aqui não usam sapatos, portanto, não existe mercado. Essa foi a observação de um "tirador de pedidos";
- as pessoas aqui não usam sapatos, portanto, o mercado é enorme, pois ainda não foi desenvolvido. Essa foi a observação de um vendedor.

O dono da fábrica ficou na dúvida sobre as duas opiniões tão diferentes, então resolveu enviar um profissional de marketing para esse local.

Chegando lá, ele fez uma entrevista com o chefe da tribo e várias pessoas. Fez sua análise e apresentou suas observações em um relatório com as seguintes informações: as pessoas, de fato, não utilizam sapatos; logo, seus pés estão muito machucados.

Mostrou ao chefe do local as vantagens de utilizarem sapatos, que logo demonstrou enorme satisfação e entusiasmo. O profissional fez uma estimativa de que 70% das pessoas pagariam R$ 10,00 por um par de sapatos. É possível que no primeiro ano consiga vender 5 mil pares. Os custos de produção, transporte e de distribuição seriam de R$ 6,00. Assim, já teria um lucro de R$ 20.000, o que demonstra um ótimo resultado.

As etapas do processo de vendas são:

- prospecção;
- pré-abordagem e abordagem;
- apresentação e demonstração;
- superação de objeções;
- fechamento;
- acompanhamento e manutenção.

O fluxo do processo de vendas e suas etapas serão detalhadas ao longo deste capítulo.

8.1.1 Prospecção de clientes

A partir do momento que se conhece bem o que a empresa oferta, deve-se compreender e conhecer quem é o mercado-alvo e quais são as suas características. Ou seja, ter em mente quem é esse consumidor: quem compraria esse produto? Isso é prospectar, que significa identificar possíveis compradores, localizar pessoas e empresas que serão o alvo a ser alcançado. Prospectar é relacionar possíveis contatos que poderão se tornar novos clientes.

Prospectar significa identificar novos possíveis clientes ou compradores, localizar pessoas e empresas que podem comprar o bem material ou contratar o serviço que está sendo vendido.

Uma das formas de prospectar clientes é a seguinte: listar em uma folha, em um arquivo eletrônico ou, de preferência, em um banco de dados, os nomes de possíveis clientes. Em seguida, buscar informações sobre essas pessoas ou empresas, seja por meio de um contato direto por telefone ou e-mail, seja por pesquisa na internet ou visita a sites, blogs e redes sociais desses possíveis clientes. Dessa forma, é possível identificar clientes potenciais que poderão ser prospectados.

Algumas empresas de marketing se especializaram em construir bancos de dados com informações sobre pessoas e empresas pertencentes a determinados nichos de mercado. Uma vez realizada essa pesquisa, classifique-os em:

- **Clientes potenciais:** com grandes possibilidades de se tornarem efetivamente clientes.
- **Clientes mornos:** há possibilidades de se tornarem clientes, mas exigirão mais tempo e dedicação para argumentações e sensibilização.
- **Clientes frios:** possuem poucas tendências para efetivação de uma compra.

Uma vez realizada essa classificação, divida os clientes entre a equipe de vendas, sendo que os clientes potenciais devem ser direcionados aos vendedores de campo, para que sejam contatados antes da concorrência.

Repasse os clientes mornos para sua equipe de telemarketing, para uma abordagem prévia, visando estimulá-los para uma possível compra. Por fim, quanto aos clientes frios, aguarde a ocorrência das vendas, para que as possíveis ações possam ser refeitas, se necessário.

Considerando essas informações, o fluxo do processo de prospecção e qualificação de clientes se inicia na pré-abordagem e abordagem do cliente.

FIGURA 8.2: Definição de seu possível cliente para uma pré-abordagem.

A pré-abordagem é o passo seguinte à prospecção. Uma vez identificados os possíveis clientes, é necessário conhecer melhor suas características com o maior nível de detalhamento possível. Afinal de contas, quem são essas pessoas? Quais são as características pessoais delas? Qual é seu estilo de vida? Que empresas são essas? Quem são as pessoas que participarão de uma possível reunião ou visita?

Identifique com quem você falará e se comunicará. Por exemplo: do que essas pessoas gostam? Para qual time elas torcem? Qual é a formação dessas pessoas (ensino médio, superior, pós-graduação)? Se for na área pública, saiba qual é o partido político que está no comando. Identifique as últimas ocorrências dessa localidade e as grandes realizações. Se eles já compram produtos e serviços similares, identifique quem são seus fornecedores atuais. Quais as idades das pessoas com quem falará?

Todas essas perguntas são importantes, e saber com quem você está falando, aumenta a possibilidade de manter uma relação amistosa, aberta e agradável, podendo gerar boas oportunidades.

Você não precisa ser amigo desses possíveis clientes, mas, certamente, terá um ótimo relacionamento com eles, principalmente nas negociações entre empresas que valorizam as relações entre os indivíduos, pois estas costumam ocorrer por meio de várias reuniões e raramente são finalizadas no primeiro encontro.

Após identificar bem esse perfil e suas características, verifique qual é a melhor forma de fazer uma abordagem: se por contato telefônico, por agendamento de uma visita até o local em que o cliente está, por e-mail ou pela indicação de alguém conhecido.

8.1.2 Superação de objeções

Esteja pronto para fazer contato inicial com o cliente, com foco naquilo que deseja alcançar neste primeiro contato, seja conseguir a venda de imediato, a possibilidade de fazer uma visita para demonstração, conhecer melhor o mercado ou identificar como será a reação do possível cliente quanto aos produtos ofertados. Se o seu objetivo não estiver claro, não aborde o cliente, pois você corre o risco de perder oportunidades de vendas agora e no futuro.

FIGURA 8.3: Definição clara dos objetivos para o contato com o cliente.

Ao realizar uma apresentação, conforme apresentaremos a seguir, é comum que os possíveis clientes, em um primeiro momento, demonstrem algumas objeções sobre os novos produtos e serviços. Essas objeções precisam ser eliminadas o quanto antes para que não se transformem em questões impeditivas de todas as próximas fases (no caso, fechamento da venda e acompanhamento). As pessoas, de modo geral, relutam em aceitar novas ideias.

8.1.3 Apresentação e demonstração dos produtos e serviços

Você já identificou seus clientes, qualificou-os, levantou informações detalhadas sobre eles, fez o primeiro contato e, agora, é o grande momento de ter um contato direto para apresentar seu produto.

De preferência, tenha algo concreto para apresentar, seja um protótipo do produto, uma apresentação no computador, um CD demonstrativo, um *folder*, um panfleto, ou um vídeo da empresa.

FIGURA 8.4: Demonstração do produto ao cliente.

Evite monólogos durante a apresentação, ou seja, falar sozinho, sem despertar a voz do cliente.

Essa situação, muitas vezes, pode tornar a apresentação um pouco confusa para o cliente, e ele deve se sentir à vontade para perguntar e interagir com você e com o produto (se possível).

Uma das sugestões para fazer uma apresentação durante o processo de vendas é utilizar a técnica AIDA para influenciar todo o processo de compra. Essa sigla significa:

- **A (atenção):** obtenha a atenção do cliente; prepare algo que o atraia, faça com que ele tenha foco na sua apresentação.
- **I (interesse):** estimule o interesse do cliente pelo produto, mostre as vantagens, o que ele ganhará com essa possível compra.
- **D (desejo):** aumente o desejo do cliente, informando quem já utiliza o produto, valorize esses clientes já existentes.
- **A (ação):** leve-o à ação de compra o quanto antes, demonstrando a inovação e a diferenciação que poderão ser obtidas.

Na prática, essa técnica é utilizada quando demonstramos aspectos, vantagens, benefícios e valores dos bens e serviços que estamos ofertando. A venda deve ser orientada ao cliente e focada nos objetivos que ele pretende alcançar com o produto.

Veja como você pode fazer isso:

- **Aspectos:** demonstre as características dos produtos. Na venda de um notebook, você pode apresentar a velocidade de processamento, o peso, o tamanho da tela, a capacidade de armazenamento do hard disk, o design, entre outros atributos do produto.
- **Vantagens:** informe sobre os benefícios sociais do produto. Por exemplo, a rede McDonald's promove todo ano um dia em que parte da renda da venda de determinado hambúrguer é destinada a instituições de apoio e combate ao câncer infantojuvenil de todo o Brasil.
- **Benefícios:** apresente as vantagens econômicas, a vida útil do produto e a assistência técnica disponível.
- **Valores:** mostre os valores econômicos envolvidos no produto. Indique a forma de pagamento e de compra ou contratação do que está sendo ofertado.

Além dessas questões, ainda recomendamos alguns cuidados para realizar uma apresentação, como: determine o tempo da apresentação com o cliente; explique seus motivos para aquela reunião; foque na necessidade do cliente; explique por que a sua solução é a mais adequada do mercado, frente à concorrência; conte alguma história que faça o cliente perceber o valor da utilização do produto/serviço; por fim, faça um breve resumo do que foi comentado e lhe dê materiais de divulgação.

FIGURA 8.5: Demonstração de uma solução completa ao cliente.

Perceba que, para realizar uma apresentação, é necessário conhecer o produto a fundo e ter várias outras habilidades – como persuasão, disposição, simpatia, organização, entusiasmo, raciocínio linear etc. Fazer uma demonstração pela primeira vez é algo complicado e, caso você fique nessa posição em algum momento da sua vida profissional e não se sentir preparado, solicite que alguém mais experiente da empresa o acompanhe e realize a demonstração para você aprender, pois na posição de expectador é possível analisar melhor o apresentador e as reações do cliente.

Durante todo o momento da apresentação, demonstre entusiasmo, pois a sua energia, com certeza, favorecerá e estimulará o cliente a realizar a compra. Também fique atento a alguns aspectos, descritos a seguir, que o favorecerão posteriormente, no ato do fechamento da venda, conforme veremos adiante neste capítulo.

» Saiba quem é a pessoa que tomará a decisão da compra.

» Identifique a urgência, ou não, que o cliente tem para a efetivação da compra.

» Verifique se o cliente possui, ou não, disponibilidade financeira.

» Descubra quais são os processos internos que produzirão o compromisso para com esta possível compra, por exemplo, uma ordem de compra.

Você sabia?

Caso o cliente já possua muito bem definidas as questões apresentadas anteriormente, é possível que ele esteja usando você para levantamento de informações, a fim de comparar com outro fornecedor com quem já está em negociação. Fique atento a essa possibilidade para que possa oferecer mais benefícios que o concorrente e fechar a compra.

8.1.4 Fechamento

Alguns vendedores são ótimos para prospectar e fazer apresentações, mas possuem muitas dificuldades em fechar contratos. Dizemos que esses vendedores são bons para fazer abertura de novos clientes, uma vez que são cativantes e possuem bons relacionamentos, mas não finalizam o processo com a venda propriamente dita.

Normalmente, eles possuem receio em escutar um não por parte do cliente ou se sentem constrangidos em ser assertivos para efetuar o fechamento do negócio, não gostando da célebre frase "vamos fechar?"

Ao longo de todo o processo já comentado, o vendedor deve ficar ativo na sua observação, verificando as atitudes físicas, as declarações, os comentários e as perguntas que o possível cliente realizou. O vendedor precisa demonstrar uma atitude positiva e estar à disposição do possível cliente, apoiando sua equipe, fazendo novas visitas, demonstrando novamente os produtos, permitindo que o cliente escolha aquilo que, de fato, deseja, informando que uma compra realizada naquele momento permitirá um desconto ou um brinde. Ofereça as possíveis vantagens, sempre demonstrando integridade e honestidade ao cliente.

Por exemplo: se você trabalha em uma loja de roupas, não diga ao seu cliente que determinada roupa ficou boa (se ele perguntar) caso perceba que não ficou. Você pode pensar: mas vou perder a venda? É melhor perder uma pequena venda e não perder um cliente potencial. Mas fique atento à maneira como você diz tais opiniões para o cliente; uma resposta negativa em relação a uma roupa, por exemplo, pode ser feita com gentileza, sutileza e educação, de modo que o cliente passe a confiar ainda mais em você, sem ficar irritado ou chateado com a opinião. Se ele confiou em você, é bem provável que ele retornará assim que possível.

8.1.5 Acompanhamento e manutenção

Após o fechamento da venda, com a compra concluída pelo cliente, o processo de vendas ainda não acabou. Para manter um cliente, é necessário dar assistência pós--venda, ressaltando que, muitas vezes, é por meio do vendedor que o cliente fará uma ponte para novos relacionamentos com a empresa.

FIGURA 8.6: Demonstração da fidelidade no acompanhamento ao cliente em todo o processo, inclusive no pós-venda.

É recomendado que o vendedor acompanhe todo o processo: prazo e condições de entrega, instalação do equipamento ou implementação do serviço. Dessa forma, o cliente se sentirá seguro e com grandes possibilidades de aumentar compras com você.

8.1.6 Critérios de segmentação de clientes

Já vimos que, na análise de marketing, devem ser definidos os mercados-alvo para que as estratégias de marketing possam ser definidas e os profissionais de marketing consigam elaborar campanhas que estimulem as ofertas do composto do marketing.

Entre as ações, esses profissionais agrupam as pessoas em função de suas características e necessidades similares, que as distinguem de outros segmentos e constituem, assim, os segmentos de mercado. Esses profissionais não criam segmentos de mercado, eles identificam as características similares e agrupam essas pessoas para que possam concentrar seus esforços em atendê-las.

Quando a empresa opta por não definir um mercado-alvo e a segmentação na qual deseja atuar, escolherá uma estratégia de marketing de massa. Ou seja, o alvo dela é o grupo composto por todas as pessoas; assim, seu mercado é enorme e bastante abrangente, não excluindo quaisquer características de seus possíveis clientes, por exemplo, as empresas de refrigerantes, que almejam o consumo indistinto de idade, sexo, etnia ou qualquer outro atributo que poderia ser utilizado como forma de segmentação.

No sentido inverso do marketing de massa, há o marketing de nicho, que tem como foco mercados pequenos e específicos. Os clientes concordam em pagar um preço mais alto por produtos (incluindo bens e serviços) bastante especializados, como o mercado de luxo, possibilitando um lucro mais elevado para a empresa.

Definir um segmento de mercado é o mesmo que dividir o mercado em vários níveis de potencial, sendo que o primeiro nível é constituído por clientes mais sensíveis às ofertas da empresa, no qual o apelo foi direcionado. Os demais (segundo e terceiro níveis) seriam menos sensíveis. Ao elaborar uma campanha, caso o primeiro nível não seja atingido, pode-se concluir que o mercado foi mal segmentado; ou a campanha, malfeita, pois a oferta não atingiu seu público-alvo.

Os principais grupos de segmentação de mercado são divididos de acordo com os seguintes critérios: demográficos, geográficos, psicográficos e comportamentais. Veja, a seguir, o detalhamento de cada um desses critérios.

8.1.6.1 Critérios geográficos

Critérios geográficos agrupam as pessoas de acordo com localidade, densidade populacional e clima. No Brasil, o Instituto Brasileiro de Geografia e Estatística (IBGE) é o organismo público responsável pelo levantamento de várias estatísticas e informações sobre os dados geográficos da população, que são muito utilizados pelas empresas para suas tomadas de decisões.

A segmentação geográfica é muito utilizada pelas empresas quando precisam identificar seu plano de expansão, isto é, quando desejam aumentar o alcance de sua marca, atingindo novas cidades e/ou regiões. É por meio dos critérios geográficos que elas conseguem saber se existirá ou não um mercado consumidor para suas atividades. Por exemplo: as empresas que trabalham com sistema de franquia utilizam muito este critério, pois facilita a definição das regiões nas quais elas poderiam se estabelecer.

Técnicas de Vendas

8.1.6.2 Critérios psicográficos

Critérios psicográficos agrupam as pessoas de acordo com os seus perfis comportamentais e como conduzem sua vida, incluindo atividades, interesses e opiniões (CHURCHILL, 2003) que afetam diretamente a forma de consumo das pessoas.

A psicografia é a ciência que utiliza a psicologia e a demografia para entender o comportamento do consumidor. As principais variáveis em análise, neste tipo de segmentação, são: estilo de vida e personalidade. Por exemplo, o surgimento e aumento de empresas que comercializam alimentos orgânicos, pois muitas pessoas passaram a adotar um estilo de vida mais saudável; e indústrias que desenvolvem produtos mais saudáveis, como os pães de forma integrais sem gordura e açúcar.

8.1.6.3 Critérios comportamentais

Critérios comportamentais agrupam as pessoas de acordo com os seus comportamentos em determinadas ocasiões e variáveis, como ocasiões especiais, benefícios, *status*, média de utilização, lealdade e prontidão.

Após a identificação dos segmentos de mercado, a empresa verificará se cada segmento deve ser gerenciado como uma parte do seu sistema já existente ou se deverá ser aberto um novo negócio para atender àquele novo público específico. Caso a empresa faça a opção por um novo negócio, esta segmentação se chamará segmento estratégico, pois demandará diferentes exigências e formas de atendimento para satisfazer as expectativas desses novos clientes.

Depois de identificada a segmentação de clientes de uma empresa, devemos preparar a prospecção dos clientes, que é uma das ações resultantes do marketing.

O primeiro passo de um processo de vendas, após a identificação do segmento de clientes, é a prospecção de clientes, que consiste em identificar de forma precisa quem serão os potenciais clientes beneficiados diretamente pelas ações de marketing de uma organização.

As diferentes formas de segmentação de clientes auxiliam as empresas na identificação de seus clientes potenciais e em como devem abordá-los. Por exemplo: uma editora que publica livros didáticos para o ensino fundamental e que deseja ingressar no Nordeste e, mais especificamente, no interior de Pernambuco. A equipe comercial da editora necessitará identificar quantas e quais são as escolas de ensino fundamental do interior de Pernambuco, levantar os nomes, endereços, telefones e e-mails de contato dos responsáveis. Após esses levantamentos geográficos e demográficos, a equipe comercial entrará em contato com cada uma delas, visando iniciar o processo de apresentação dos livros didáticos.

Esse levantamento específico das informações dos clientes potenciais e o primeiro contato com eles é chamado de prospecção de clientes, fase muito importante para a equipe de marketing, pois, a partir desses contatos, a empresa adequa melhor sua estratégia global para atender às necessidades específicas de cada cliente ou do mercado em geral. As empresas efetuam a prospecção por meio de contatos telefônicos, e-mails, visitas, demonstrações em feiras e congressos, e outras formas, como as apresentadas a seguir:

▸▸ **Indicação:** utilizada como uma forma de gerar oportunidades, pela confiabilidade entre as partes interessadas. É muito comum os vendedores de um mesmo ramo se conhecerem e trocarem informações que podem ajudá-los na prospecção de clientes.

Para a empresa, a indicação gera mais confiança em suas negociações e abrem-se portas para um futuro cliente. A estratégia de indicação vem sendo muito utilizada pelos sites comerciais em que abrem um canal para os clientes se manifestarem sobre seus produtos e serviços. Analisar esses comentários é uma forma de verificar a indicação ou não de tais serviços e produtos.

Essa estratégia é muito utilizada pelas empresas que vendem e anunciam serviços de turismo, como hotéis e restaurantes.

▸▸ **Redes sociais:** excelente forma de identificar oportunidades de prospecção de clientes, pois permite a divulgação dos serviços e produtos que você desenvolve diretamente para as pessoas que deseja atingir. Por exemplo: por meio do Facebook, você pode direcionar as ações de divulgação para o público específico da sua empresa, identificando a região, a faixa etária, o sexo, entre outras características. O LinkedIn possibilita efetuar contatos com pessoas com características específicas e nichos de mercado;

▸▸ **Congressos e feiras:** são realizados conforme o segmento de cada mercado. Os congressos são encontros realizados para apresentação de trabalhos científicos em geral e produtos e serviços para o público-alvo, por exemplo, congresso de pediatria. Lá, pesquisadores apresentarão suas pesquisas, e empresas apresentarão seus produtos embasados por justificativas científicas. Geralmente, próximo ao congresso, há uma feira na qual você expõe produtos e serviços de sua empresa relacionados ao congresso. Esses dois eventos podem ser realizados juntos, ou separados e sem relação, como feira de orgânicos, que não tem relação com congresso algum.

▸▸ **Banco de dados de clientes:** há empresas especializadas em efetuar cadastros de empresas e pessoas em geral e que vendem esses cadastros para outras empresas. É possível optar pelo uso dessas informações para realizar contatos com o público-alvo por e-mail, SMS, telefone ou envio de correspondências, malas diretas e catálogos.

Cabe aos profissionais de marketing avaliar quais dessas modalidades de oportunidades mais se encaixam na realidade de cada empresa, pois nem todas são adequadas para todas as situações e público a ser beneficiado. O mercado competitivo oferece mais oportunidades aos clientes, logo, as empresas necessitam sempre identificar e buscar diferentes formas de prospectar novos clientes.

8.1.7 Planejamento de reuniões

A partir do momento que se passa a trabalhar em uma empresa, é muito comum ouvir alguma das frases a seguir, a respeito de reuniões:

– Ah, mais uma reunião?

– Eu não aguento mais falar sobre este assunto, vamos nos reunir de novo para falar sobre o mesmo tema?

– Para que essa reunião? O que vão querer agora?

– O João não trabalha; passa o dia inteiro em reuniões!

Apesar da relutância que muitos funcionários têm em participar de reuniões, elas são bastante necessárias para a empresa. É por meio delas que uma empresa atua com uma gestão participativa e colaborativa, esclarece e toma decisões a respeito de uma problemática ou situação diferente, comunica-se com as pessoas e integra as equipes.

A questão é: como realizar uma reunião eficaz, de modo que as pessoas envolvidas não passem a considerá-las cansativas, repetitivas ou uma perda de tempo? Inicialmente, proporemos algumas reflexões que devem ser analisadas antes de agendar uma reunião. Sendo assim, pergunte-se sempre:

» É realmente necessário agendar esta reunião? Ou o assunto poderia ser resolvido com apenas uma ligação ou um e-mail?

» Qual é o objetivo desta reunião? Ela está sendo agendada, pois, de fato, é necessária, ou porque sempre fizeram essa reunião após um determinado período de tempo?

» Quanto tempo será necessário para concluir esta reunião?

Se você tem respostas adequadas para as perguntas apresentadas, então agende a reunião e, durante sua realização, faça a condução de modo racional e sistemático. A seguir, listamos dez dicas essenciais para tornar sua reunião mais eficaz e produtiva para todos os envolvidos:

1. Aproveite a oportunidade da reunião e constitua uma boa rede de relacionamento com os participantes. Deixe que os envolvidos se posicionem, e apresentem ideias e sugestões para a solução dos problemas expostos.
2. Elabore uma pauta para a reunião e atribua aos assuntos a serem tratados um tempo adequado para as discussões. De preferência, envie a pauta da reunião antes da sua realização para as pessoas que irão participar, assim, elas comparecerão já preparadas para as discussões.

3. Evite agendar reuniões prolongadas. Sugere-se que uma reunião não ultrapasse 2 horas. Em alguns casos, uma reunião poderá ocorrer em poucos minutos. Em casos mais complexos, poderá demorar bem mais que 2 horas, principalmente se for uma reunião para apresentação de resultados. Se a reunião for longa, estabeleça momentos de intervalo para não a tornar cansativa e desgastante.

4. Defina quem conduzirá a reunião. Sempre é recomendado ter alguém para controlar o tempo, as discussões e realizar as anotações sobre o que foi decidido. Se as pessoas divagarem durante as discussões, o responsável pela reunião deverá definir um limite de tempo para as discussões.

5. Decida quem são as pessoas que devem participar da reunião. De acordo com os assuntos tratados, pessoas diferentes são convidadas a participar. Caso a pessoa tenha dúvidas quanto a ter sido chamada para a reunião, explique a ela os motivos do convite.

6. Em ambientes organizacionais, também é indicado que as reuniões tenham registros e, para isso, devem ser elaboradas atas das reuniões, ou seja, anotações que informam o desenrolar e as decisões da reunião, além de quem expôs cada fato e dos responsáveis em realizar os próximos passos. Tal precaução é uma forma que a organização tem para aumentar o comprometimento das pessoas envolvidas em diferentes tipos de decisão.

7. Estabeleça regras. Por exemplo, como será a participação de cada um, quem fala primeiro ou se todos podem se manifestar livremente, se poderão utilizar celulares durante a reunião ou não, entre outras providências.

8. Reserve a sala onde ocorrerá a reunião e prepare todos os materiais a serem utilizados. Se estiver prevista alguma apresentação, certifique-se de que os recursos de som e projetor estejam disponíveis.

9. No final da reunião, deixe claro todas as decisões tomadas, as responsabilidades de cada um sobre o processo decisório e uma previsão de datas para a realização das tarefas.

10. Por fim, solicite uma avaliação dos participantes sobre a reunião.

Você sabia?

Fazer uma reunião requer um bom planejamento. Para facilitar seu planejamento e organização, você pode ainda utilizar um *checklist* para uma verificação mais detalhada de todos os itens que podem impactar em uma reunião.

8.1.8 Elaboração de propostas aos clientes

Considerando que você já fez a prospecção e já se reuniu com seu cliente, o passo seguinte do trabalho de vendas é encaminhar-lhe uma proposta formal contendo todos os pontos negociados e anotados durante a reunião. Por isso, é importante fazer a reunião contendo toda a estrutura apresentada no item anterior, pois é por meio das anotações

Técnicas de Vendas 123

durante a reunião que você conseguirá, posteriormente, entender melhor as necessidades do cliente e, por fim, elaborar a proposta.

Vale lembrar que, ao encaminhar a proposta para o cliente, é bem provável que ele solicite algumas alterações até chegarem a um acordo que atenda às necessidades dele e da empresa.

Veja algumas dicas para elaboração de uma proposta:

» Insira no cabeçalho os dados da empresa e, de preferência, acrescente o logotipo dela.

» Atribua um nome para a proposta. Por exemplo: proposta de treinamento para a área comercial.

» Crie subtítulos para os conteúdos serem apresentados, como:

› **Objetivo:** informe de forma sucinta o que sua empresa está ofertando e para qual finalidade.

› **Ganhos:** sempre informe quais serão os ganhos que o cliente terá com a aquisição do seu produto ou serviço.

› **Metodologia:** se for um serviço, apresente os principais passos que serão realizados. Se for um produto, apresente as características dele.

› **Cronograma:** apresente as fases com as datas das realizações de cada etapa da sua proposta. Se for a oferta de um produto, você pode substituir o cronograma por prazo e condições de entrega.

› **Prazo de validade:** indique até quando o conteúdo e as condições da proposta serão válidos.

› **Valor:** informe o investimento financeiro que o cliente terá que realizar para adquirir os produtos.

» Descreva os serviços e produtos oferecidos. Neste item, também é importante informar as condições de pagamento, sempre deixando claro o dia do pagamento, se será via depósito bancário, boleto, cartão de crédito ou em outra modalidade. Se o pagamento for parcelado, também deverá ser informado.

» No final da proposta, informe o nome de quem a elaborou e todos os contatos.

8.1.9 Comunicação entre vendas e marketing

Comunicação é uma das habilidades mais importantes para quem atua nas áreas de vendas e marketing.

Lembre-se: mesmo que não tenha feito um planejamento para comunicar algo, você está comunicando, ou seja, transmitindo alguma ideia. Tudo pode comunicar algo, seja a embalagem de produtos, os uniformes dos funcionários, as cores e os móveis do escritório, as vitrines, os *folders* e os cartazes.

Todas essas impressões devem ser harmonizadas intencionalmente para que repassem aos clientes e demais pessoas interessadas o significado e as propostas que a marca empresarial deseja.

Todo relacionamento com a marca transmite uma impressão, que pode fortalecer ou não a percepção do cliente sobre a organização.

A comunicação eficaz entre vendas e marketing deve ser integrada e de maneira planejada e estruturada, em forma de um plano abrangente, que possa utilizar, se necessário, as formas essenciais de comunicação, como:

» Propaganda.

» Promoção de vendas.

» Eventos e experiências.

» Relações públicas e assessoria de imprensa.

» Vendas pessoais.

» Marketing direto.

Esse conjunto de elementos possibilita a criação de uma conscientização da marca, vinculando-a adequadamente à memória dos consumidores, despertando opiniões ou sentimentos positivos sobre ela e melhorando a conexão entre o consumidor e a marca (KOTLER, 2013).

Se o seu produto for algo relacionado a esportes radicais, é bem provável que você comunicará aos clientes esse conceito por meio da veiculação de imagens de pessoas realizando atividades físicas radicais, como surfe, alpinismo, rapel, entre outras que possam estar relacionadas à oferta do produto e/ou da marca.

A proposta da comunicação integrada entre vendas e marketing é que cada empresa utilize várias formas de se comunicar com o cliente para conseguir, de fato, atingi-lo em função da diversidade de clientes, da proliferação dos novos tipos de mídia, da fragmentação dos mercados de massa em mercados de nicho e de cada elemento do *mix* de comunicação de marketing que possui características e benefícios específicos.

Toda implementação de um programa de comunicação de marketing em uma empresa deve ser medida para verificar a sua eficácia, acompanhando: aumento, ou não, do número das vendas; pesquisa da satisfação dos clientes e a possibilidade de recompra; a lembrança da marca, ou mudanças de comportamentos e a conscientização sobre a utilização do produto.

Se o plano de comunicação não atingiu o esperado, a saída é revisar todas as ações e melhorar continuamente sua aplicação.

Acompanhe na Web

Para saber mais sobre comunicação e marketing para *startups*, veja o link: <https://endeavor.org.br/tudo-o-que-voce-precisa-saber-sobre-comunicacao-e-marketing/>. Acesso em: 14 mar. 2018.

Para refletir

1. Veja se compreendeu todos os itens necessários para realizar uma reunião eficaz, produtiva e que gere soluções efetivas, sugerindo a realização de uma reunião. Para isso, anote as seguintes análises:

   a. Identifique um problema no bairro.

   b. Faça um breve diagnóstico da situação atual pela qual o bairro está passando, a fim de contextualizar o problema levantado.

   c. Crie a pauta dessa reunião, definindo qual seu objetivo.

   d. Defina quem serão as pessoas e/ou autoridades convocadas.

   e. Defina data, local, horário, tempo de duração e necessidade de intervalo, ou não.

   f. Por fim, faça o *checklist* de realização de reunião, identificando se todos os itens de planejamento estão sendo contemplados.

2. Com base na parábola apresentada, faça uma análise respondendo às seguintes questões:

   a. Por que as opiniões do tirador de pedidos e do vendedor foram tão diferentes?

   b. Apenas com base nas respostas do tirador de pedidos e do vendedor, seria possível decidir se seria um bom negócio investir nesse novo mercado ou não? Justifique.

   c. Qual foi o trabalho realizado pelo profissional de marketing neste caso?

   d. Se você fosse o fabricante de calçados, com base na resposta do profissional marketing, escolheria apostar e investir nesse novo mercado? Justifique.

   No processo de vendas, um bom vendedor deve estar mais preparado para ouvir do que falar, ficando atento às necessidades dos clientes e às possibilidades que o contexto favorece. Já deu para perceber que vender é uma atividade muito estimulante e que requer uma competência diferenciada. Mas vender requer outros cuidados que vão além das características pessoais, conforme acabamos de apresentar. O processo de vendas é um trabalho sistemático que envolve organização e alguns passos, os quais devem ser observados para facilitar a análise das oportunidades.

PRÁTICAS COMERCIAIS Marketing e Técnicas de Vendas

Capítulo 9

E-commerce (Comércio Eletrônico)

Este capítulo tem por objetivo apresentar os principais fatores que promovem e estimulam o *e-commerce* (comércio eletrônico). Trataremos mais especificamente dos assuntos citados a seguir:

- organização e estrutura do comércio eletrônico;
- estratégias de vendas em comércio eletrônico;
- relacionamento com clientes no ambiente virtual;
- sistemas de informação em marketing e vendas.

Ao finalizar este capítulo, esperamos que você seja capaz de:

- entender o que é o comércio eletrônico e a sua importância no mundo dos negócios;
- analisar a estrutura de um comércio eletrônico, visando identificar os elementos necessários para sua organização e seu desempenho, com o uso de sistemas de Informação em marketing e vendas;
- analisar e definir ações para melhorar o desempenho das vendas de um comércio eletrônico.

9.1 Organização e estrutura do comércio eletrônico

É bastante provável que você já tenha realizado pelo menos uma pesquisa na internet sobre produtos, incluindo bens e serviços, que desejaria comprar ou conhecer, recorrendo, então, a algum site de comércio eletrônico, também chamado de loja virtual ou *e-commerce*.

O *e-commerce* é um dos sistemas que mais cresce na economia digital e está fazendo parte das estratégias de vendas das empresas, por isso, trataremos dos principais fatores que devem ser observados e estudados por quem deseja implementar um comércio eletrônico, como promover e estimular as vendas e como criar e melhorar o relacionamento com os clientes no ambiente virtual.

FIGURA 9.1: *E-commerce* – praticidade para o consumidor.

Antes de iniciarmos o conteúdo deste capítulo, vale a pena lembrar que a internet teve sua origem durante a Guerra Fria. O que motivou sua criação foi a preocupação das organizações militares e de pesquisa dos Estados Unidos com a manutenção da comunicação entre os computadores, caso ocorresse um ataque ao seu país, de tal forma que, mesmo um computador sendo bombardeado, os demais continuariam interconectados.

Até a década de 1990, o uso da internet era restrito a militares e pesquisadores de universidades, porém, essa tecnologia já estava sendo utilizada por vários países em todo o mundo. Em 1995, ela passa a ser comercializada para os civis, ou seja, para todos nós, dando início a uma nova era da humanidade, a era da economia digital.

Você consegue imaginar como eram algumas transações comerciais sem a internet?

FIGURA 9.2: Comércio convencional de antigamente – compras anotadas na caderneta.

Veja algumas questões interessantes:

- Um banco sem os serviços de internet, nos dias de hoje. Teríamos que pegar filas enormes para pagar contas e, quanto tempo levaríamos para realizar as nossas operações bancárias dentro das agências?
- Realizar uma pesquisa escolar ou de qualquer assunto. Teríamos que visitar uma biblioteca?
- Onde teríamos uma biblioteca com artigos de todo o mundo e sobre todos os assuntos que quiséssemos pesquisar?
- Procurar um emprego. Teríamos que visitar várias empresas e deixar o currículo na portaria de cada uma delas? Quanto tempo e desgaste de deslocamento essa ação demandaria?
- Escolher uma rota de viagem de carro. Teríamos que consultar um mapa impresso para definir o caminho? Como saberíamos se esse mapa está atualizado? Como faríamos para retraçar a rota, caso errássemos o caminho?
- Fazer uma pesquisa de preços. Quantas lojas teríamos que visitar? Como conheceríamos rapidamente os novos lançamentos e as opiniões de outros consumidores?

Com a internet, muitas dessas dificuldades não existem mais. Ter um computador ou celular com internet significa estar plugado ao mundo! A internet permite nos comunicarmos com pessoas de todas as partes e a qualquer momento, efetuar compras e vendas de produtos 24 horas por dia.

Estamos vivendo um momento de ruptura de fronteiras geográficas e temporais, e é nesse contexto que surge o comércio eletrônico como mais um canal de vendas, oferecendo produtos em grande variedade, escala e distribuição.

Inicialmente, na internet, vendiam-se livros, músicas, brinquedos, produtos eletrônicos e passagens aéreas. Hoje, vende-se de tudo, incluindo apartamentos, carros, terrenos, cursos a distância, e, principalmente, produtos do mercado de nicho, ou seja, aqueles tão específicos que dificilmente teríamos acesso se não fosse por meio do comércio eletrônico, seja em função da produção em baixa escala ou do seu alto grau de diferenciação.

As grandes lojas de varejo tiveram muito receio a respeito do que estava acontecendo e muitas delas logo lançaram suas vendas on-line. Mas muitas empresas denominadas pontocom não foram prósperas, fazendo surgir uma grande preocupação: como organizar e estruturar um comércio eletrônico? Essa pergunta trouxe outros questionamentos:

» Como se estruturar para o mercado do comércio eletrônico?

» Como não ficar de fora deste espaço de desenvolvimento econômico?

» Como vender mais?

» Como se relacionar com os clientes neste novo contexto?

Com base nessas indagações, pode-se dizer que o comércio eletrônico deve atender a três grandes desafios para funcionar adequadamente:

» organização e estrutura;

» mecanismos para o estímulo das vendas;

» gerenciamento do relacionamento com o cliente.

Neste capítulo, apresentaremos as principais considerações sobre esses três desafios.

Como este é um território novo a ser explorado por empresas e marcas, teóricos e proprietários de empresas começaram a realizar suas experiências, de modo que aprenderam na prática o que poderia ser ofertado para o cliente no ambiente digital, e como isso poderia ser feito, percebendo os acertos e os erros de acordo com a reação dos consumidores. Até então, esse novo mercado digital era totalmente desconhecido, não existiam pressupostos teóricos para essa nova realidade e muitos conceitos do varejo tradicional não se aplicavam ao varejo on-line. O jeito era colocar a mão na massa e aprender o mais rápido possível com a própria experiência, ou seja, o foco era fazer, validar e corrigir de forma contínua.

Diante de todo esse aprendizado, foram surgindo várias observações e estudos sobre como esse mercado se comportava. Pesquisamos e apresentamos a proposta da Endeavor, instituição que estuda e promove assuntos relacionados ao empreendedorismo. A Endeavor sugere que todo comércio eletrônico deve observar dez elementos para constituir seu modelo de negócio e obter sucesso.

130 PRÁTICAS COMERCIAIS Marketing e Técnicas de Vendas

Vamos entender o que propõe cada um desses elementos:

▸▸ **Plataforma do *e-commerce*:** plataforma é o ambiente ou sistema virtual no qual será constituído o comércio eletrônico. É necessário que a empresa identifique qual plataforma utilizará, visando a escolha da melhor opção para o seu negócio. No mercado, existem várias plataformas, sendo algumas pagas e outras disponíveis para acesso gratuito (como a plataforma Magento). Ao escolher a plataforma, é muito comum a empresa precisar adequá-la à sua realidade e ao sistema de informática que já utiliza para facilitar o controle de toda a operação. Neste momento, a empresa também precisa pensar no cliente: existem vídeos de explicação para os clientes? É fácil navegar na loja virtual? Quais são os mecanismos de comunicação com o cliente? – para, então, definir parte dos elementos de um *e-commerce*.

▸▸ **Análise de fraude:** constantemente, a mídia retrata problemas de consumidores e de empresas que foram fraudadas em virtude de transações realizadas pela internet. Nesse caso, precisamos decidir: quando um cliente paga com cartão de crédito, como a empresa saberá que ele, de fato, é o dono do cartão com que está comprando? Será que esse cartão foi roubado e outra pessoa é que está comprando no seu lugar? A recomendação é fazer um bom cadastro de clientes, para que a empresa possa chegar até o cliente "oficial" caso ocorra algum problema. Sugere-se que esse cadastro não tenha apenas e-mail e celular, pois estes dados podem ser trocados facilmente. Sempre solicite endereço, RG e CPF. Recuperar uma venda fraudulenta é tão complexo que muitas empresas desistem, pois, além de poder ser mais caro que o próprio produto comprado, é muito desgastante.

▸▸ **Portal de pagamento:** no momento, os portais de pagamentos mais utilizados são: Paypal, Pagamento Digital, PagSeguro, Cielo e Redecard. As taxas variam conforme os produtos comercializados, incluindo bens e serviços, as formas de parcelamento, possibilidade de a loja existir fisicamente também ou não. Para decidir pela melhor forma, é preciso avaliar quais serão as opções que os clientes terão para realizar os pagamentos e também quais as taxas que deverão ser negociadas com estes portais.

▸▸ **Galpão:** o empreendedor do comércio eletrônico precisa decidir sobre toda a sua logística dos canais de distribuição. Por exemplo, algumas localidades no Brasil são acessíveis somente por meios de transportes fluviais. Como a empresa organizará seu estoque para esses pontos de distribuição? A empresa terá condições de ter vários centros de distribuição? Como fica a questão dos valores dos fretes? Qual o tempo necessário para a entrega das mercadorias? Quanto será necessário ter em estoque para cada centro de distribuição? Quanto será necessário vender e qual deverá ser a margem de lucro para as mercadorias? Dependendo das respostas a

E-commerce (Comércio Eletrônico)

essas questões, será possível definir como armazenar e distribuir as mercadorias, as restrições de entrega, além de perceber a real viabilidade do negócio.

▸▸ **Recuperação:** na situação em que ocorre um problema de conexão ou outro qualquer que impeça a compra que o cliente está efetuando, como a empresa do comércio eletrônico resolverá tal problema para não perder a venda? Existem outras opções além dos cartões de crédito? Pode ser efetuado depósito bancário? Terá a opção do boleto bancário? Tudo isso precisa ser avaliado para não perder vendas, clientes e imagem.

▸▸ **Entrega:** sobre a entrega, a empresa precisa decidir: entregará em quais regiões? Para atender a todo o país, necessitará de parceiros para fazer as entregas? Os preços praticados serão os mesmos? E os prazos de entrega? No Brasil, o sistema de entrega dos Correios é o que possui maior extensão de atendimento e, ainda, é o que tem maior credibilidade, sendo assim, grande parte das entregas acontece por meio dele.

▸▸ **Pós-venda:** após o cliente realizar a compra, caso ele tenha algum problema ou dúvida, como a empresa do comércio eletrônico dará suporte a esse cliente? Como os clientes poderão se comunicar com a empresa? Por meio de um número de telefone 0800, telefone comercial, *chat* on-line (disponível em quais dias e horários da semana?) ou e-mail? Para agilizar o atendimento, recomenda-se que este sempre seja direcionado ao assunto a ser tratado. Por exemplo, quando o cliente contatar qualquer um dos serviços de assistência técnica, a equipe técnica deve ser acionada, e não área comercial; ou, se o problema for de pagamento, que seja acionada diretamente a área financeira da empresa.

▸▸ **Taxas e impostos:** a empresa do comércio eletrônico deve conhecer todos os impostos que incidem sobre suas transações e ter atenção especial para as operações que ocorrem entre diferentes estados, pois alguns produtos possuem alíquotas de impostos que variam de um local para outro. Também é necessário saber como a empresa está enquadrada tributariamente, pois, de acordo com o cadastro dela na Receita Federal, terá diferentes formas de operação. Para tirar suas dúvidas sobre essas questões, sempre consulte o contador da empresa. Além dos impostos, também é necessário verificar as taxas dos cartões de crédito.

▸▸ **Conciliação dos recebíveis:** conciliar é conferir se o que foi processado foi, de fato, pago. Confira se tudo que vendeu foi processado pela operadora do cartão de crédito e se foi pago integralmente. Controle todas as compras parceladas, sempre observando algumas questões, como: foi processado? Foi pago o valor correto e no dia correto? As operadoras de cartões de créditos permitem a geração de relatórios para que a empresa do comércio eletrônico acompanhe diariamente todas as transações realizadas? Os pagamentos parcelados são recebidos de acordo com o parcelamento realizado, porém, a empresa poderá negociar para receber os pagamentos parcelados antecipadamente, desde que negocie com a operadora de cartão.

▸▸ **Logística reversa:** se o cliente se arrepender da compra, solicitar uma troca ou se o produto chegar até ele com algum problema, como a empresa do comércio eletrônico reverterá essa situação? As empresas de comércio eletrônico precisam ter soluções para tais situações. Inclusive, o Código de Defesa do Consumidor garante vários direitos para que os clientes consigam reverter o processo de uma compra. Mas cuidado, alguns consumidores podem agir de má-fé, utilizando o produto e, depois, solicitarem uma troca ou devolução. A empresa também deve ficar atenta a esse tipo de comportamento e definir uma política de trocas e devoluções, comunicando ao cliente sobre ela durante o processo da compra.

Os dez elementos apresentados devem fazer parte do planejamento do comércio eletrônico de todo e qualquer produto, porém sempre adequando as preocupações à realidade de cada negócio. Não existe receita única para um empreendimento eletrônico, pois o mais importante é a predisposição do empreendedor para agir de forma rápida, de acordo com as ocorrências que surgem, para que sejam adequadas às necessidades dos clientes. O foco no cliente continua valendo fortemente no mercado eletrônico, e talvez ainda mais que no ambiente off-line (loja física do varejo), pois, apenas com um clique, o cliente muda a escolha da sua compra, passando a ter cada vez mais voz ativa no processo da compra.

Você sabia?

Para evitar situações de venda fraudulenta, muitas empresas utilizam a confirmação de compra enviando mensagens para o celular ou e-mail cadastrado, e o cliente confirma ou não se fez a compra. A compra será realizada apenas após a confirmação.

9.2 Estratégias de vendas em comércio eletrônico

Imaginando que você já fez o site da sua empresa, integrou-o a uma plataforma de *e-commerce* e atendeu a todos os cuidados mencionados, agora, o principal objetivo é fazer valer todo o esforço realizado até o momento.

Neste tópico, ressaltaremos alguns fatores essenciais no processo que promove as vendas do comércio eletrônico e o relacionamento com o consumidor no mercado eletrônico – outro ponto bastante importante e que pode influenciar o volume de vendas de um *e-commerce*.

Dicas sobre como vender cada vez mais na internet também são sugeridas por vários autores com diferentes tipos de estratégias, mas continuaremos na linha adotada pela Endeavor, que sugere dez regras essenciais e simples para se ter um comércio eletrônico de alto impacto.

E-commerce (Comércio Eletrônico)

FIGURA 9.3: A melhor estratégia de vendas por *e-commerce* é aquela que traz o resultado esperado pela organização.

A seguir, detalharemos como cada uma dessas regras devem ser aplicadas na prática do comércio eletrônico:

» Defina bem o modelo de negócio que deseja implementar. Ou seja, identifique quais são as vantagens competitivas do seu comércio eletrônico e como ele será comercializado, de modo que fique posicionado no mercado on-line como algo diferente. Para chegar a essa definição, pergunte-se: como os produtos serão comercializados? Por meio de assinaturas, vendas pelo Facebook, curadorias (por indicações), *merchandising*, comércio direto ou qual outra modalidade? Saiba que o comércio eletrônico pode ser uma das únicas formas que as pessoas possuem para comprar produtos diferentes dos produzidos em sua região, caso morem em locais de difícil acesso, tanto para sair para outros locais quanto para ofertarem a elas produtos específicos. O comércio eletrônico ganha um espaço de negócios que as lojas físicas e seus vendedores não conseguem atingir.

» Crie uma marca sem publicidade. É isso mesmo, sua marca identificada sem gastar com publicidade ou gastando sempre o mínimo possível. É quando os seus produtos vendidos são tão fortemente reconhecidos pelos clientes que estes associam sua marca aos produtos em si. Por exemplo, quando pensamos em comércio eletrônico de alguns nichos específicos de mercado, automaticamente associamos a alguns *e-commerce*; para produtos esportivos, é bem provável que você se lembre da Netshoes, e para compra de livros, pense na Saraiva e na Amazon.

» Aproveite e oferte produtos que agreguem valor para seus clientes, crie conteúdos sobre os produtos ofertados e estimule para que este assunto se torne um elemento de marketing viral nas redes sociais, ou seja, que ele caia na rede de tal forma que muitas pessoas possam "curtir" o assunto e, de preferência, compartilhar com o maior número de pessoas possível. Assim, você conseguirá visibilidade gratuita e em larga escala.

» Seja um ninja analítico. Vá atrás do seu cliente, identifique o que o atrai, como ele chegou até o seu comércio eletrônico, quais páginas ele visitou no seu negócio, quantas vezes ele visitou seu *e-commerce*. Identifique medidas para verificar qual grau de relacionamento ele possui com seu negócio. O que acontece com ele quando entra no site da empresa? Crie métricas para acompanhar seu cliente, mensure os resultados alcançados e planeje suas ações de acordo com o comportamento do seu consumidor.

» Saiba o valor do seu cliente na ponta do lápis. Identifique e estime quantas vezes esse cliente comprou com você, quais serão seus possíveis valores de compra e calcule o gasto do investimento para ter esse cliente. Sugere-se que um bom cliente gaste, no mínimo, o dobro do valor que você investiu nele. Em alguns comércios eletrônicos, ao optar pela compra de um produto, logo o próprio ambiente apresenta outros produtos similares ou comprados por consumidores que possuem perfil similar ao seu.

» Esta é uma ferramenta utilizada para estimular o consumidor a comprar mais, uma vez que receberá outras sugestões de compra de acordo com o perfil apresentado pelas buscas feitas. Esse recurso é muito comum nas livrarias virtuais, por exemplo.

» Ofereça uma experiência positiva. Foque ao máximo no que poderá oferecer ao cliente. Tenha serviços de suporte, responda rapidamente, ajude-o a encontrar o que ele deseja no seu espaço eletrônico. Procure saber se ele recomendaria sua loja para outras pessoas. Sabe-se que esse indicador é, atualmente, um dos mais positivos para qualquer organização, seja um comércio físico ou on-line.

» Foque no ciclo de geração de caixa. Se possível, faça com que seu cliente pague antes que você tenha que pagar para o fornecedor de um determinado produto. O cliente passa a ser seu grande financiador para que seu negócio cresça de forma mais segura do ponto de vista financeiro. Trabalhe com o dinheiro dele – essa é a estratégia utilizada pela Amazon, uma das maiores lojas de *e-commerce* do mundo.

» Esteja presente. Da mesma forma que uma loja física requer um gerenciamento contínuo de alguém que acompanha todas as operações para que os clientes sejam bem atendidos e realize promoções de produtos antes da perda de validade, o comércio eletrônico também tem essas demandas, ou seja, requer as mesmas necessidades e atenção.

» A *performance* do ambiente do comércio eletrônico deve ser impecável. O comércio eletrônico deve funcionar de forma rápida e fácil, não podendo "travar" seu funcionamento. Os clientes são impacientes e mudam rapidamente de loja, passando a comprar no concorrente.

- Enquanto no varejo tradicional os comerciantes estão preocupados com as vitrines e como as mercadorias estão organizadas nas prateleiras, para que os clientes possam circular e melhorar o processo de compras, nas lojas on-line, o olhar deve ser para o funcionamento do ambiente virtual e a disposição dos *links* e imagens.
- Explore a emoção dos clientes. Invista naquilo que for mais importante para o cliente. Todos gostam de preço acessível, variedade de produtos e prestação de bons serviços. Conquiste o lado emocional do seu cliente e seduza-o. Entenda o comportamento do seu consumidor, conforme visto anteriormente, e realize promoções, divulgue os produtos, atraia e chame a atenção do cliente para o seu *e-commerce*.
- Domine todos os elementos da estrutura de um comércio eletrônico apresentados anteriormente, caso contrário, poderá colocar muitos valores e tempo a perder. O cliente está de olho no seu desempenho. Fique atento aos dez elementos do planejamento do comércio eletrônico.

9.3 Relacionamento com clientes no ambiente virtual

No início da década de 1990, o livro *Os 7 hábitos das pessoas altamente eficazes*, de Stephen Covey, já comentava que boa parte do nosso tempo deve ser dedicado a criar e manter relacionamentos.

Imagine, hoje, com a disseminação das redes sociais, como isso pode ser entendido no contexto do *e-commerce*? Isto é, quais ações o comércio eletrônico deve realizar para gerar e manter seu relacionamento com o cliente, considerando que ele está cada vez mais ativo no processo de compra e de produção de conteúdo?

FIGURA 9.4: Como se comunicar e criar empatia com seu cliente.

Por exemplo, atualmente, um cliente insatisfeito age imediatamente nas redes sociais, informando para todos os seus contatos a experiência nada positiva que vivenciou. Ele conta detalhes dessa experiência, cita o nome da empresa, e se outros consumidores tiveram o mesmo problema, logo irão compartilhar com sua rede de contatos. Pronto! O relacionamento com o cliente e com vários outros possíveis consumidores está com problemas e algo precisa ser feito o mais rápido possível.

Por conta desse contexto, as empresas que atuam com comércio eletrônico devem ficar atentas aos relacionamentos com seus clientes, apoiando a solução dos problemas e monitorando o que estão falando sobre elas em todos os espaços virtuais, e não apenas nas redes sociais.

Curtir, comentar, compartilhar, *twittar* é muito fácil e rápido. O poder da comunicação está nas mãos dos clientes, seja por meio de computadores, tablets ou smartphones.

Bastam alguns cliques para que esse processo inicie, comprometendo seu relacionamento com os consumidores, além de afetar diretamente a imagem da empresa.

No comércio eletrônico, relacionar-se com o cliente significa ter vários canais de comunicação com eles, que podem ser por meios eletrônicos ou não. O importante é que estejam disponíveis várias maneiras para que os clientes se relacionem com a empresa e o maior tempo possível, pois comércio eletrônico significa estar no ar 24 horas por dia, nos 7 dias da semana.

Da mesma forma que as empresas físicas precisam se preocupar com seu marketing de Relacionamento, seja com seus clientes, colaboradores, fornecedores, acionistas ou parceiros, o mesmo deve ocorrer com as empresas que atuam com o comércio eletrônico. Toda essa atenção deve-se à mudança do comportamento do consumidor, à competitividade que aumenta cada vez mais e à dinâmica dos negócios que não para de crescer. As empresas precisam reter e fidelizar cada vez mais seus clientes, buscando longevidade para os seus negócios.

9.4 Sistemas de informações de marketing

Você já deve ter percebido que a área de marketing sempre envolve tomar decisões e considerar diferentes variáveis. Quanto mais informações esta área possuir para tomar decisões, maior probabilidade de acerto terá.

Em muitas empresas, o processo de gerenciamento de informações é informatizado, com o uso de um software conhecido como Sistema de Informação de Marketing (SIM), que é responsável por unificar os dados em uma mesma base, tornando possível agrupar, classificar, selecionar e avaliar as informações para que a área de marketing e as demais áreas interessadas possam efetuar, com maior segurança, o planejamento e controle de todas as decisões.

E-commerce (Comércio Eletrônico)

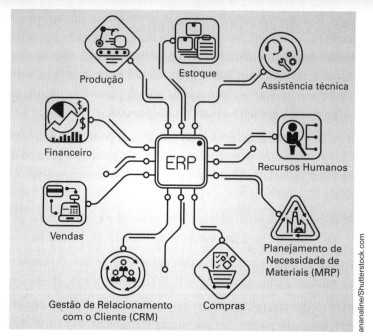

FIGURA 9.5: Apoio imprescindível dos sistemas integrados nas estratégias de marketing.

Uma organização pode comprar um SIM disponível no mercado ou solicitar que sua equipe de informática o desenvolva exatamente como deseja. Em qualquer uma das opções, é necessário que a empresa tenha muito claro, para si e para todas as partes interessadas, quais informações alimentarão o banco de dados, pois é a partir dele que o sistema fornecerá os relatórios com as informações para o processo decisório.

Cada vez mais as organizações necessitam controlar suas atividades e o desempenho dos resultados. Para isso, é preciso ter, de preferência, os sistemas informatizados, pois a gestão deve ser baseada em informações. Toda empresa deve possuir um sistema de controle do fluxo das informações, pois somente assim poderá acompanhar de forma racional o que ocorre nela em tempo hábil para efetuar as possíveis correções estratégicas.

Possuindo um SIM, a organização terá como ganhos: informações com maior consistência e em tempo hábil para todo o processo de decisão, facilidade para coletar e armazenar dados, controle de todas as operações, monitoramento dos indicadores de desempenho, filtragem das informações e favorecimento para uma tomada de decisão menos intuitiva.

Pelo fato de estarmos em uma sociedade que cada vez mais utiliza os sistemas informatizados para todas as suas atividades, vale dizer que, quando nos referimos a um SIM, estamos nos referindo a qualquer sistema de informação, podendo ser informatizado ou não.

9.4.1 Sistema de registros internos

Algumas informações que constituirão um SIM são obtidas com as próprias informações geradas nas operações da empresa por meio das diversas atividades que ela realiza.

Para compor um bom SIM, é necessário que todas as informações que serão utilizadas para alimentá-lo estejam corretas e que, constantemente, sejam atualizadas para que sempre reflitam a realidade. Para isso, a organização precisa definir padrões de cadastro de informações e uma sistemática de atualização. Por exemplo: a empresa pode definir como padrão cadastrar clientes do estado de São Paulo informando SP. Caso contrário, algumas pessoas poderão cadastrar S. Paulo, São Paulo, Sao Paulo, SÃO PAULO e, em cada uma dessas situações, o sistema interpretará como um estado diferente. Para manter as informações atualizadas, a empresa, poderá, por exemplo, efetuar um recadastro dos seus clientes uma vez por ano.

Como você sabe, algumas empresas utilizam um sistema informatizado chamado Sistema de Informações Gerenciais (SIG), também conhecido como Enterprise Resource Planning (ERP), que controla todos os dados das operações da organização e, a partir deles, são geradas as informações para serem utilizadas em outros sistemas, como o BI, CRM e SAD, conforme será apresentado posteriormente neste capítulo.

CRM: *Customer Relationship Management* (em português, Gestão de Relacionamento com o Cliente).

9.4.2 Sistema de relatórios de vendas

Uma vez que a empresa definiu adequadamente todas as informações que irão compor seu SIM, poderá solicitar diferentes informações resultantes dos dados disponíveis nesse sistema, em formato de relatórios. Alguns sistemas possuem relatórios prontos para que a organização efetue seu processo de análise, interpretação e tomada de decisão.

Porém, é muito comum que em cada empresa existam demandas diferentes para análise, portanto, caberá à própria equipe gestora definir as informações que devem compor os diferentes tipos de relatórios para indicar como a empresa se comporta frente a uma determinada situação.

FIGURA 9.6: Análise de previsão de vendas (*forecast*).

Outras empresas optam por comprar sistemas próprios para a geração de relatórios, como o Business Intelligence (BI), um software que utiliza a base de dados da empresa e elabora diferentes tipos de relatório cruzando as diversas informações disponíveis, mesmo que estejam em diferentes bancos de dados.

Para que se obtenha um adequado proveito de um sistema de informação, é necessário que a equipe gestora saiba exatamente o que deseja para tomar suas decisões, pois é com base nessa necessidade que os relatórios são desenvolvidos.

Veja alguns exemplos de questões que norteiam a definição da estrutura dos relatórios para a área de marketing:

» Quais são os produtos mais vendidos? E os que vendem menos?

» Quais são os melhores clientes? Quais são os clientes com menores desempenhos?

» Quais são os clientes que não compram há mais de 12 meses?

» Em quais regiões os produtos são vendidos?

» Quais são as proporções de vendas por produto, e por cliente e produto?

» Qual foi o retorno da campanha publicitária?

» Quais são os produtos mais lucrativos?

Você sabia?

Algumas empresas utilizam um sistema conhecido como *Customer Relationship Management* (CRM), que é apropriado para gerenciar o relacionamento com o cliente de forma individualizada. Todo atendimento realizado é registrado no sistema e pode ser recuperado, se necessário. Dessa maneira, a organização mantém um histórico de todos os momentos de contato com o cliente.

9.4.3 Sistema de apoio à decisão de marketing

O Sistema de Apoio à Decisão (SAD) de marketing constitui-se em um conjunto organizado de dados, sistemas, ferramentas e técnicas com programas informatizados de apoio que permitem à empresa coletar e interpretar informações internamente e externamente para definir as ações da área de marketing (KOTLER, 2013).

Para constituir um SAD, a empresa deve possuir os demais sistemas de sua operação, pois é a partir dessas informações e de dados externos que a empresa consolidará as informações em um SAD.

Esses sistemas são estruturados conforme a necessidade da empresa. Não existe uma estrutura única que atenda a todas as organizações. Eles são úteis para apontar, por exemplo, as decisões sobre quais mercados potenciais ela deve atuar conforme seus segmentos, em quais clientes devem ser focadas as ações, quais os produtos devem ser melhor comercializados.

9.4.4 Sistema e processo de pesquisa de marketing

Sistema de pesquisa de marketing corresponde ao processo de planejamento, desenvolvimento, aplicação e análise de uma pesquisa de marketing que visa identificar como uma organização se encontra diante de uma determinada situação de mercado e como ela deverá se posicionar para melhorar seu desempenho.

As pesquisas de marketing podem ser realizadas pela equipe interna da empresa ou por agências especializadas na realização desses serviços. Para que elas sejam realizadas e tenham um bom retorno de informações que auxiliarão o processo decisório, é necessário seguir algumas fases, como:

▸▸ **Definição de objetivo:** a empresa precisa definir o que deseja saber com a pesquisa, ou seja, qual problema é necessário resolver.

▸▸ **Elaboração da pesquisa:** a empresa precisa identificar quais informações devem ser levantadas, quais perguntas deverão compor a pesquisa propriamente dita.

▸▸ **Coleta de dados:** esta fase consiste na aplicação da pesquisa que pode ser realizada a partir de fontes de dados internos (com levantamentos de informações na própria empresa) ou por meio de pesquisas em banco de dados governamentais, serviços comerciais, observação, questionamentos a clientes, fornecedores. A coleta de dados também pode ser realizada por meio de questionários ou instrumentos eletrônicos.

▸▸ **Interpretação:** é o momento em que a equipe já possui todos os dados levantados e estuda-os, interpreta-os para a tomada de decisão.

▸▸ **Recomendação:** é a fase em que a equipe já analisou os dados e apresenta as recomendações para a empresa a partir das informações obtidas. Nesta fase, é importante que a empresa tenha um plano de ação para implementar as recomendações, ou seja, é necessário descrever o que precisa ser feito, sempre informando o prazo, os recursos necessários e a meta que deve ser utilizada para mensurar se as recomendações estão ocorrendo, na prática, conforme planejado.

9.4.5 Previsão e mensuração da demanda

Quando uma empresa decide realizar uma pesquisa de marketing, além estruturar todos os passos mencionados no item anterior, ela necessitará também identificar qual será a abrangência da pesquisa a ser realizada. Em outras palavras, quantas pessoas serão abordadas para que as informações levantadas sejam significativas e possam representar uma situação para a tomada de decisões. Para isso, será necessário verificar qual será a amostragem da pesquisa.

Amostragem é a técnica utilizada para a seleção de uma amostra. A amostra pode ser aleatória ou não. Amostra aleatória significa que as pessoas pesquisadas foram separadas

E-commerce (Comércio Eletrônico)   **141**

para análise sem um critério definido, enquanto amostra não aleatória significa que as pessoas foram separadas conforme um determinado critério.

Não existe um critério único para a escolha do tipo de amostragem que deve ser utilizada. A vantagem da amostragem aleatória é que as informações obtidas poderão vir de diferentes perfis de pessoas, podendo apresentar dados significativos ou não. O mesmo pode acontecer quanto à escolha da amostragem não aleatória: as informações obtidas podem ser predefinidas e não representar a visão dos demais perfis que não foram escolhidos.

Uma vez definida a amostragem a ser utilizada, o passo seguinte é aplicar a pesquisa, tabular os dados recolhidos, analisá-los e tomar as decisões necessárias para que a organização atinja os resultados desejados. Para acompanhar os resultados, é importante que a empresa defina as metas a serem alcançadas, pois somente com as metas claras e bem definidas é que será possível validar se as ações planejadas foram adequadamente implementadas.

Acompanhe na Web

Leia mais sobre estratégias de reavaliação de preços em comércio eletrônico no link: <www.ecommercebrasil.com.br/artigos/estrategias-reavaliacao-de-precos-comercio-eletronico>. Acesso em: 13 mar. 2018.

Para refletir

1. Vamos colocar em prática a elaboração de um planejamento de um comércio eletrônico? Escolha uma loja física ou uma marca que gostaria de criar para um *e-commerce* e iniciar vendas on-line. Considerando o tipo de negócio, os produtos ofertados e o público-alvo, faça uma análise sobre o que deve ser previsto para cada um dos elementos apresentados: plataforma, análise de fraude, portal de pagamento, galpão, recuperação, entrega, pós-venda, taxas e impostos, conciliação de recebíveis e logística reversa. Por fim, veja qual é a possibilidade da sua ideia ter sucesso no mundo do comércio eletrônico.

2. Que tal fazer uma análise dos comércios eletrônicos em relação aos recursos utilizados para promover o relacionamento com os clientes? Selecione uma empresa que atue com comércio eletrônico, navegue em seu site e dê uma nota de 0 a 10 sobre sua percepção de como a empresa está no tocante ao relacionamento com os clientes. Os itens que devem ser avaliados são: 0800, telefone, e-mail, *chat*, redes sociais, blogs e pesquisa de satisfação. Faça um *ranking* com os melhores exemplos de *e-commerce* encontrados. Caso não seja possível acessar a internet, utilize como fonte de pesquisa revistas que apresentam anúncios sobre compras on-line e verifique quais são os canais de comunicação apresentados para que o cliente se relacione com a empresa.

Capítulo 10

Desenvolvimento de Projeto de Produtos e Serviços

Este capítulo busca conceituar a importância de discutirmos sobre a elaboração de projetos de produtos e serviços, com o objetivo de tornar a organização comercialmente mais competitiva.

Trataremos mais especificamente os assuntos citados a seguir:

- etapas do desenvolvimento do produto e do serviço;
- ferramentas para desenvolver projetos de produtos;
- ferramentas de gestão de projetos.

Ao finalizar este capítulo, esperamos que você seja capaz de:

- reconhecer as etapas de desenvolvimento de produtos e serviços;
- discernir algumas ferramentas de desenvolvimento de produto ou serviço;
- conhecer ferramenta de gestão de projetos.

10.1 Introdução

Você conhece as etapas do desenvolvimento de um produto? E do desenvolvimento de um serviço? São as mesmas etapas? O que há de diferente entre os dois processos? Vamos conhecer as etapas de desenvolvimento, de cada um deles, iniciando pelo desenvolvimento de um produto, de acordo com as seguintes etapas:

» **Geração e filtragem de ideias:** etapa inicial que envolve o levantamento das necessidades do mercado e dos recursos tecnológicos existentes. As pesquisas permitem à organização entender as necessidades potenciais dos futuros e atuais clientes. Feito os estudos preliminares, a organização formalizará as ideias iniciais. A seguir, definirá os conceitos que deverão prosseguir (melhor ou melhores ideias).

» **Projeto inicial do produto:** nesta etapa, a organização deverá estabelecer: os detalhes funcionais do produto, isto é, aspectos visuais, forma e detalhes de qualidade, entre outros.

» **Necessidades técnicas:** como os materiais envolvidos e as necessidades básicas.

» **Aspectos econômicos:** os custos envolvidos com o produto são de fundamental importância.

» **Análise econômica:** nesta etapa, a organização deve fazer uma previsão de demanda para avaliar a viabilidade do produto.

» **Teste de protótipo:** etapa do desenvolvimento de produto em que a organização verifica em laboratório e em campo o desempenho do modelo do produto.

» **Projeto final:** nesta etapa são detalhadas as especificações técnicas do produto e seus desenhos. As observações feitas no protótipo são inseridas na documentação.

Nas grandes organizações, podem se formar várias equipes envolvidas em diversos projetos. É importante que a equipe seja multidisciplinar, que além dos profissionais especializados, seja possível a participação de pessoas que possuam habilidades e competências em diferentes áreas de atuação (marketing e vendas, finanças, produção etc.) como forma de possibilitar análises e avaliações que possam contribuir com o objetivo final. Irrevogável: que não se pode anular, apagar, que não se pode voltar atrás.

A independência para escolha dos projetos permite que apenas os projetos aprovados coletivamente continuem em andamento, evidenciando, assim, o consenso entre os avaliadores. Durante todo o processo, questões importantes, como viabilidade (podemos realizar?), aceitabilidade (queremos realizar?) e vulnerabilidade (queremos correr o risco?), são pontos relevantes a serem considerados durante as avaliações.

Os projetos podem, na avaliação, ser "descartados ou desconsiderados". Não se trata de reprovação irrevogável, mas, em razão de fatores externos (mudanças na economia, por exemplo) ou a ausência de recursos, o projeto não prosseguirá até que a situação se normalize.

Ainda segundo Moreira (2008), o desenvolvimento de projetos de serviços é estabelecido de acordo com as seguintes etapas:

- **Identificar os processos:** nesta etapa deve ser empregado o mapeamento de processos. Se faz necessário um estudo de todas as atividades que envolvem o serviço. É importante que se levante as atividades, visíveis ou não para o cliente, diferenças ou vantagens que possam ser desenvolvidas ou aprimoradas.

- **Identificar os pontos de falha real e potencial:** após o mapeamento, identificar as atividades propensas a erros ou falhas.

- **Estabelecer os tempos de execução:** um aspecto crítico em serviços é o tempo das atividades que podem afetar os resultados da organização. Deve-se buscar, nesse momento, uma padronização das atividades (padrão de qualidade).

- **Analisar a rentabilidade/produtividade:** a partir do estabelecimento dos tempos, deve-se avaliar se as condições definidas permitirão ao serviço ser rentável. Se não o for, deve-se buscar melhorias no procedimento para reduzir os tempos sem comprometer a qualidade do serviço.

Para serviços, também é válida a questão dos grupos de avaliação dos projetos.

Outro ponto importante na avaliação de um projeto é conceber as atividades como processos e considerar os critérios competitivos dos serviços que serão gerados ao final do desenvolvimento.

Quando falamos em ferramentas, inicialmente pensamos em ferramentas utilizadas em trabalhos manuais; alicate, martelo, chave de fenda são algumas delas, não é mesmo? Você conhece alguma ferramenta que é utilizada em projetos? Se sim, seu conhecimento prévio facilitará na compreensão de como essas ferramentas são utilizadas no desenvolvimento de um projeto. Caso não conheça nenhuma ferramenta, não se preocupe. Vamos explicá-las passo a passo a partir de agora.

Existem muitas ferramentas para desenvolver produtos e serviços. Nos últimos anos, com a necessidade de desenvolver projetos mais rapidamente e com maior qualidade, as organizações têm buscado sistematizar esse importante processo de competitividade.

Ao tratar de ferramentas para desenvolver produtos, deve-se reconhecer a importância da tecnologia da informação, uma vez que é ela que possibilita o armazenamento e a manipulação das informações dos projetos. Além de apoiar o processo decisório no desenvolvimento de produtos e serviços, a tecnologia da informação garante que as experiências anteriores possam, de alguma forma, ajudar a organização a aprender com elas, mesmo sendo produtos e serviços diferentes a serem desenvolvidos.

Uma ferramenta computacional importante é o CAD (*Computer Aided Design*) conhecido por Projeto Assistido por Computador, que possibilita documentar os projetos, simular situações e agilizar o desenvolvimento de produtos novos (pela prática da operação) e o aproveitamento de projetos de produtos similares (tempo otimizado).

Além do CAD, temos outras ferramentas úteis para o desenvolvimento de projetos, como as que apresentamos a seguir:

Engenharia de Valor (EV) ou *Engineering Value*: criada por Lawrence Miles na década de 1940 nos Estados Unidos, busca analisar produtos e serviços pela óptica das funções. Os produtos e serviços apresentam funções básicas e secundárias. Associam-se as funções aos componentes e aos custos.

Esse processo permite desenvolver novos produtos que possam realizar as mesmas funções com foco na otimização dos custos. Exemplo bastante difundido de EV é a função da caneta.

É provável que se pense que a função da caneta seja escrever. Negativo, quem escreve é o homem. A função básica da caneta é fazer marcas. Agora, pense no grampeador do passado, grande e pesado. Pense no modelo de grampeador existente hoje no mercado, ele é cada vez mais leve e menor e, o mais importante, realiza a mesma função.

Análise dos Modos de Falha e seus Efeitos (FMEA) ou *Fairule Model and Effect Analysis*: surgiu no fim da década de 1940, nos Estados Unidos, em atividades militares, e consiste em um método para eliminar falhas em potencial, no projeto e no processo.

Segundo Miguel (2001), os objetivos do FMEA são:

▸▸ identificar os modos de falha no início do desenvolvimento do projeto;

▸▸ estabelecer prioridades para as ações de melhoria;

▸▸ documentar as razões das alterações de projeto do produto para orientar futuros desenvolvimentos;

▸▸ auxiliar na seleção de materiais e processos de fabricação.

QFD (*Quality Function Deployment*) Desdobramento da Função Qualidade (QFD) ou *Quality Function Deployment*: criada por Mizuno e Akao, na década de 1960, no Japão, baseia-se nas necessidades dos clientes obtidas em um processo denominado a Voz do Cliente. Essas necessidades são transformadas em requisitos dos clientes.

Essas necessidades são transformadas em requisitos dos clientes. Segundo Miguel (2001), o processo de desenvolvimento dos projetos de produtos aplicando QFD tem as seguintes etapas:

▸▸ escolha da equipe multifuncional de trabalho, quem são as pessoas e de que departamentos participarão do desenvolvimento;

▸▸ obtenção das informações do cliente, também conhecida como "Voz do Cliente" é uma pesquisa mais detalhada das necessidades dos clientes;

PRÁTICAS COMERCIAIS Marketing e Técnicas de Vendas

» construção da casa da qualidade, que relaciona as necessidades (requisitos) dos clientes com as características ou especificações do projeto. Na Figura 7.2, temos uma representação simplificada da casa da qualidade;

» desdobramento da função qualidade, desdobrar o produto definido na casa em seus componentes, processos e planejamento da produção.

Vamos exemplificar uma aplicação considerando um projeto de abridor de latas (MIGUEL, 2001). Para um exemplo simples, pode parecer que os projetos utilizando o QFD como ferramenta sejam de fácil execução, mas à medida que aumenta a complexidade do produto, mais difícil se torna o desenvolvimento. As etapas para o desenvolvimento do QFD são:

» identificar os clientes e listá-los;

» relacionar os requisitos dos clientes identificando a importância de cada um;

» identificar as características dos produtos que são mais importantes. Preferencialmente, elas devem ser mensuráveis e relacionadas com pelo menos um requisito dos clientes;

» elaborar as tabelas de desdobramentos do QFD;

» construir a casa da qualidade.

Inicialmente, vamos levantar os requisitos dos clientes. Foram listados, segundo pesquisa com os clientes para o abridor de latas, os seguintes requisitos: prático, pequeno e leve, durável e barato. Para definir o grau de importância de cada requisito para o cliente, foi construída a Tabela a seguir e comparado e pontuado segundo o critério definido.

QUADRO 10.I: Importância entre requisitos dos clientes

	Pequeno e leve	Durável	Barato
Pequeno e leve	---	5	4
Durável	1	---	3
Barato	1	3	---
Somatório	2	8	7
Escala 1–5	2/2 = 1	8/2 = 4	7/2 = 3,5 = 4

1. MUITO MENOS IMPORTANTE; 2. MENOS IMPORTANTE; 3. TÃO IMPORTANTE QUANTO; 4. MAIS IMPORTANTE; 5. MUITO MAIS IMPORTANTE.

Note que, após a soma das pontuações, determinamos a média a partir da divisão por dois (duas avaliações cada). Temos então que, segundo os clientes, ser durável e barato são requisitos mais importantes (maiores pontuações comparativas) para um abridor de latas; já os menos importantes é ser pequeno e leve.

A seguir, são definidas as características mais importantes do produto ("Como"). Os resultados devem ser mensuráveis, isto é, os resultados devem ser descritos em custo (valor monetário), peso (kg), dimensões (cm) etc. como veremos no Quadro 10.2.

QUADRO 10.2: Comparação dos requisitos dos clientes e características do produto

Requisitos dos clientes	Peso dos requisitos	Material do cabo	Custo	Vida útil	Peso	Dimensão
Barato	4	D (4x3)	⊘ (4x9)	D (4x3)		
Durável	4	D (4x3)	D (4x3)	⊘ (4x9)		
Pequeno e leve	1	⊗ (1x1)	⊗ (1x1)		⊘ (1x9)	⊗ (1x1)
Resultado		25	49	48	9	1

Note que, após a soma das pontuações, determinamos a média a partir da divisão por dois (duas avaliações cada). Temos então que, segundo os clientes, ser durável e barato são requisitos mais importantes (maiores pontuações comparativas) para um abridor de latas; já os menos importantes é ser pequeno e leve.

Para o preenchimento do quadro, deve ser feita a multiplicação do peso atribuído a cada requisito do cliente pelo peso da relação atribuída a cada caraterística do produto. Por exemplo, barato é um requisito peso 4 para o cliente.

A equipe de projeto da organização, ao comparar barato do cliente com custo, considerou que é forte a relação de ambos, e atribuiu peso 9. Logo, a pontuação de barato e custo resulta em 4 × 9 = 36.

Por outro lado, a relação barato e peso, por exemplo, aparece em branco, porque não há qualquer relação. A operação descrita é repetida para todas as relações. Soma-se os resultados de cada coluna (requisitos do produto) e chega-se aos resultados apresentados na última linha.

Pelo segundo Quadro apresentado, podemos concluir que deve ser priorizado no projeto o custo e a vida útil do abridor.

A conclusão sobre a priorização advém da maior pontuação obtida pelos dois itens. Para quem for desenvolver um abridor de latas novo deve ser priorizado no projeto do produto o custo e a vida útil do abridor.

10.2 Ferramentas de gestão de projetos

Imagine a importância de gerenciar um projeto que envolva muitas organizações fornecedoras, atividades, prazos e recursos. Este é o papel das ferramentas de gestão de projetos, isto é, implementar o projeto e entregar no prazo estabelecido o produto ou serviço solicitado. Para gerenciar o projeto, são empregadas, com frequência, as técnicas de PERT-CPM.

Para a gestão do projeto existem softwares específicos que desenvolvem as técnicas de PERT (*Program Evaluation and Review Technique*) conhecido como Técnica de Avaliação e Revisão de Programas e CPM (*Critical Path Method*) conhecido como Método do Caminho Crítico. Para citar os mais conhecidos, temos MS Project e Primavera.

PERT surgiu nos Estados Unidos junto com o Projeto Polaris, em 1957. O projeto tinha muitas organizações envolvidas, prazo e recursos limitados. Esta técnica atua considerando que os tempos para execução das atividades são: otimistas, pessimistas e mais provável ou histórico, e segue um modelo estatístico de determinação dos tempos de execução dos projetos.

O CPM surgiu também nos Estados Unidos e, curiosamente, também em 1957. O projeto era de introdução de produtos químicos pela Du Pont com prazos bem definidos. A Du Pont recorreu a uma consultoria que desenvolveu o CPM, cuja característica era a precisão dos tempos de execução das atividades. Um modelo, portanto, determinístico, para gerir o projeto.

Bem-sucedidas em 1962, em virtude das similaridades, as duas técnicas acabaram tendo seus nomes agrupados e conhecidos como PERT-CPM.

Um exemplo de aplicação do PERT-CPM são os projetos de desenvolvimento de novos modelos de carros. Imagine quantos fornecedores são envolvidos? Quantos componentes? Como cumprir os prazos de entrega de cada componente? E como ter o carro novo testado e aprovado, sendo apresentado ao mercado no prazo estabelecido?

Da mesma forma, a importância do PERT-CPM para as empresas da construção civil e seus empreendimentos. Quantas atividades devem ser desenvolvidas? Os recursos necessários para cada empreendimento? O quadro adequado de pessoas em cada projeto? E os custos, como gerenciá-los?

Acompanhe na Web

BBC-BRASIL/TV UOL. Empresa cria carro dobrável contra congestionamentos. Disponível em: <http://tvuol.uol.com.br/assistir.htm?video=empresa-cria-carro-dobravel-contra-congestionamentos-04020E9C3260CC994326>. Acesso em: 31 jan. 2018.

Bibliografia

BARBOSA, V.; ABRIL, A. Confira os bastidores do transporte de flores. **Revista Embarque**. 20 jun. 2013. Disponível em: <http://revistaembarque.com/aeroportos/amor-sem-fronteiras/>. Acesso em: 29 dez. 2017.

BEKIN, S. F. **Endomarketing**: como praticá-lo com sucesso. São Paulo: Prentice Hall, 2004.

BRUM, A. M. **Respirando endomarketing**. 2. ed. Porto Alegre: L&PM, 2003.

CAMPOS, A.; BARSANO, P. R. **Administração**: guia prático e didático. 2. ed. São Paulo: Érica, 2016.

CHURCHILL, G. **Marketing**: criando valor para os clientes. 3. ed. São Paulo: Saraiva, 2014.

_____. **Marketing**. 2. ed. São Paulo: Saraiva, 2003.

CONSTABLE, N. **Segredos de vendas**. São Paulo: Fundamento, 2013.

CROCCO, L.; TELLES, R.; GIOIA, R. M.; ROCHA, T.; STREHLAU, V. I. **Decisões de marketing**: os 4Ps. 3. ed. São Paulo: Saraiva, 2013.

FISHER, R.; URY, W.; PATTON, B. **Como chegar ao sim**: a negociação de acordos sem concessões. Rio de Janeiro: Imago, 2015.

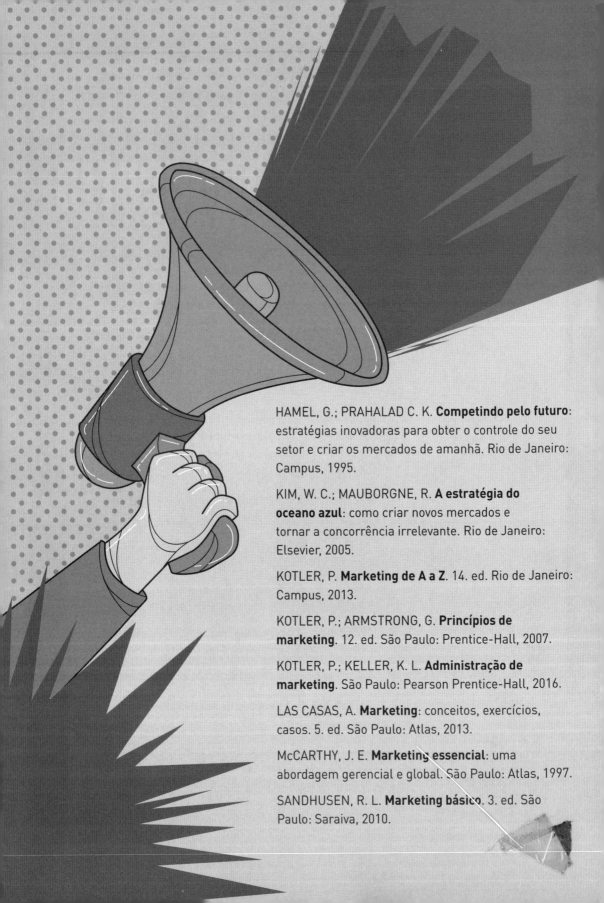

HAMEL, G.; PRAHALAD C. K. **Competindo pelo futuro**: estratégias inovadoras para obter o controle do seu setor e criar os mercados de amanhã. Rio de Janeiro: Campus, 1995.

KIM, W. C.; MAUBORGNE, R. **A estratégia do oceano azul**: como criar novos mercados e tornar a concorrência irrelevante. Rio de Janeiro: Elsevier, 2005.

KOTLER, P. **Marketing de A a Z**. 14. ed. Rio de Janeiro: Campus, 2013.

KOTLER, P.; ARMSTRONG, G. **Princípios de marketing**. 12. ed. São Paulo: Prentice-Hall, 2007.

KOTLER, P.; KELLER, K. L. **Administração de marketing**. São Paulo: Pearson Prentice-Hall, 2016.

LAS CASAS, A. **Marketing**: conceitos, exercícios, casos. 5. ed. São Paulo: Atlas, 2013.

McCARTHY, J. E. **Marketing essencial**: uma abordagem gerencial e global. São Paulo: Atlas, 1997.

SANDHUSEN, R. L. **Marketing básico**. 3. ed. São Paulo: Saraiva, 2010.